基金项目:教育部青年基金项目"知识产权视野下的民族文化
遗产保护模式研究——以浙江省为例"
(编号:11YJCZH107)

民间文学艺术的
知识产权保护

刘　瑾　孙晓立　著

知识产权出版社
全国百佳图书出版单位

图书在版编目（CIP）数据

民间文学艺术的知识产权保护/刘瑾，孙晓立著. —北京：知识产权出版社，2017.3

ISBN 978-7-5130-4766-1

Ⅰ.①民… Ⅱ.①刘… ②孙… Ⅲ.①民间文学—知识产权保护—研究—中国 ②民间艺术—知识产权保护—研究—中国 Ⅳ.①D923.404

中国版本图书馆CIP数据核字（2017）第032786号

责任编辑：高　超　　　　　　　　责任校对：谷　洋
装帧设计：唐人佳悦　　　　　　　责任出版：刘译文

民间文学艺术的知识产权保护

刘　瑾　孙晓立　著

出版发行：知识产权出版社有限责任公司	网　　址：http://www.ipph.cn
社　　址：北京市海淀区西外太平庄55号	邮　　编：100081
责编电话：010-82000860 转 8383	责编邮箱：morninghere@126.com
发行电话：010-82000860 转 8101/8102	发行传真：010-82000893/82005070/82000270
印　　刷：北京科信印刷有限公司	经　　销：各大网络书店、新华书店及相关专业书店
开　　本：720mm×1000mm　1/16	印　　张：9
版　　次：2017 年 3 月第 1 版	印　　次：2017 年 3 月第 1 次印刷
字　　数：121 千字	定　　价：38.00 元
ISBN 978-7-5130-4766-1	

作者介绍

刘瑾，女，汉族，1978年9月出生于山西省大同市。副教授，法学硕士，现工作于中国物品编码中心，2004年至2015年工作于中国计量大学法学院。研究领域为知识产权、质检法，发表《知识产权视野下非物质文化遗产的保护模式研究——以浙江省为例》（刊发于《行政与法》）、《论协会标准与标准化法》（刊发于《武汉大学学报》）等论文二十余篇，主持教育部课题1项、省级课题3项，政府委托课题6项。

孙晓立，男，汉族，1982年9月出生于山西省寿阳。记者，工学学士，现工作于中国标准化杂志社，曾从事图书编辑工作，编著《虚拟形象产业链》《娱乐经济之电影领袖》丛书等图书，撰文报道殷之光、郑绪岚、顾雏军等行业知名人物。

前　言

　　我国历史悠久、民族众多、文化呈现多样性，作为发展中国家，我国文化遗产不仅保护形势严峻，而且在信息时代大量民间文学艺术作品被有技术和资金的域外人任意开发利用甚至被歪曲。这个问题关系到民族文化的传承和发展，早期的知识产权法学研究者已经认识到，应该把民间文学艺术的保护提到应有的位置。国际层面，知识产权组织（WIPO）负责协调知识产权相关事务，联合国教科文组织（UNESCO）负责协调非物质文化遗产保护相关事务，这两方有分工与合作；在国内，我国的版权和文化主管部门也一直致力于民间文学艺术作品、非物质文化遗产保护相关的立法尝试。

　　近几年，更多的国内学者尤其是知识产权领域的研究者，关注如何对传统知识进行知识产权保护、如何运用知识产权制度保护民间文艺、遗传资源的获取与获益如何分享，探讨民间文学艺术的知识产权保护和法律保护等问题形成了一批专题研究成果。2003 年的《保护非物质文化遗产公约》（以下简称《公约》）指出，从文化多样性、文化遗产、人权等角度出发，倡导国家承担文化遗产的保护任务，这一宗旨在世界范围达成一致。我国在加入《公约》后，搁置没有定论的民事保护问题，于 2011 年通过了《非物质文化遗产法》。该法明确了政府应当采取各种措施，包括确认、立档、研究、保存、保护、宣传、弘扬、传承和振兴等方式保护我国的非物质文化遗产，同时界定非物质文化遗产的内涵要远宽于民间文学艺术作品，但对非物质文化遗产的商业化利用及其利益分配这一民事关系及其相应的法律规则没有涉及。当前，一方面，世界级非物质文化遗产代表作名录，国家、地区级的非物质文化遗产项目申报、扶助等工作都已成为我国文化领域的常规工作；但另一方面，包括民间文学艺术作品在内的非物质文化遗产被他人商业化使用带来的相关问题却仍处于没有明确法律规定的状态。

　　从我国来看，民间文学艺术是非物质文化遗产的重要组成部分，民间文学艺术主要包括民间故事、民间文学、民间戏曲、民间美术、民间音乐、民间舞蹈等类型。为避免对民间文学艺术的歪曲和滥用，构建一套切实可行的民间文学艺术法律保护模式显得尤为重要。虽然我国已经颁布了《非物质文化遗产法》，然而对于民间文学艺术却缺乏详细和必要的保护。如何保护、以何种立法模式来有效地保护民间文学艺术就成为当下迫切需要解决的问题，也是本书重点论述的内容。本书对非物质文化遗产、民间文学艺术和民间艺术作品等概念进行了辨析，探讨了民间文学艺术的特点和功用，论述了知识产权与民间文学艺术保护的关系，分析了近年来我国民间文学艺术的几个比较有影响和代表性的司法案例，阐述了我国民间文学艺术的法律保护现状，以及国外相关立法的经验，最后尝试就我国民间文学艺术法律保护机制的建立和完善提出自己的建议，以期进一步推动相关研究和立法。

本书的出版得到了教育部基金项目的资助，该项目对作者前期研究表示认可，给予作者继续研究的动力和支持。此外，知识产权出版社的编辑龙文为本书的出版工作付出了辛勤劳动，值此书稿完成和出版之际，在此一并表示衷心感谢。

由于作者水平有限，本书的错误和疏漏之处在所难免，敬请各位学者、专家和读者提出宝贵意见。

刘　瑾

2016 年 9 月 26 日于北京

目录

CONTENTS

引　言

　　在非物质文化遗产的文化宝库中，民间文学艺术无疑是一颗璀璨的明珠。民间文学艺术在非物质文化遗产中占据着重要地位，数量和表现形式也多种多样。从我国来看，民间文学艺术主要包括民间故事、民间文学、民间戏曲、民间美术、民间音乐、民间舞蹈等类型。由于民间文学艺术作品本身的特征，如创作主体的不确定性和表达形式在传承中不断演绎等特点，由此导致的法律纠纷也逐渐增加。虽然我国已经颁布了《非物质文化遗产法》，然而对于民间文学艺术却缺乏详细和必要的保护。在相关法律还不完善的情况下，如何将传承民间文学艺术与保护著作权人的权利进行平衡，成为司法审判的难题，构建切实可行的民间文学艺术法律保护制度成为当下迫切需要解决的问题。

第一章

民间文学艺术的概念及特征

一、相关概念的辨析

（一）非物质文化遗产的定义

依据《中华人民共和国非物质文化遗产法》的规定，非物质文化遗产是指各种以非物质形态存在的与群众生活密切相关、世代相承的传统文化表现形式。

非物质文化遗产包括以下八大类：

第一类：口头流传与表述。如：民间传说、民间故事、史诗、谚语、谜语、笑话、评书等民间文学类。

第二类：表演艺术。包括：1. 民间音乐。如民歌。2. 曲艺。如：大鼓、二人转等。3. 杂技与竞技。如：杂耍、高跷秧歌、角色秧歌、皮影等。4. 戏曲、舞蹈。

第三类：民间美术。如：剪纸、民间绘画、炭画、烙画、刺绣、雕刻、面具、泥塑、竹编等。

第四类：传统手工技艺。如：陶塑、织锦、印染、雕漆、酿酒等。

第五类：传统医药。如：中医诊治、针灸、传统良方的配制等。

第六类：民俗节日。如：春节、元宵节、清明节、端午节、七夕节、中秋节、重阳节、少数民族节日、贴楹联、服饰、二十四节气、庙会等。在这些节日里各个地区所表现出的风俗习惯、吃的食物等。

第七类：社会风俗。如：礼仪、节庆、婚丧嫁娶等表现出来的风俗习惯。

第八类：有关自然界和宇宙的知识和实践。如：风水知识等。

在非物质文化遗产的实际工作中，认定的非遗，是有标准的：

1. 它是以人为本的活态文化遗产；

2. 是以人为核心的技艺、经验、精神；

3. 父子（家庭）、师徒、学堂等形式传承三代以上；

4. 传承时间超过一百年；

5. 要求谱系清楚、明确。

我国的非物质文化遗产，从表面上看是由林林总总的岁时节令、千姿百态的民间艺术、口耳相传、手手相递的技艺绝招构成的，实际上它接力了中华民族一代代人的思想力、创造力、生存力，可以激发起全民族的情感、骄傲和力量。

民族的，才是世界的。我国被世界认可的非物质文化遗产有：

芜湖铁画——铁画，也称铁花，安徽芜湖特产，为中国独具风格的工艺品之一。铁画是以低碳钢为原料，将铁片和铁线锻打焊接成的各种装饰画。它将民间剪纸、雕刻、镶嵌等各种艺术的技法融为一体，采用中国画章法，黑白对比，虚实结合，制作起源于宋代，盛行于北宋。清代康熙年间，安徽芜湖铁画才自成一体，并逐渐享誉四海。铁画的品种分为三类：一类为尺幅小景，多以松、梅、兰、竹、菊、鹰等为题材，这类铁画衬板镶框，挂于粉墙之上，更显端庄醒目。第二类为灯彩，一般由 4 至 6 幅铁画组成，内糊以纸或素绢，中燃银烛，光彩夺目，摄人神魄。第三类为屏风，多为山水风景，古朴典雅，蔚为壮观。（见图 1-1）

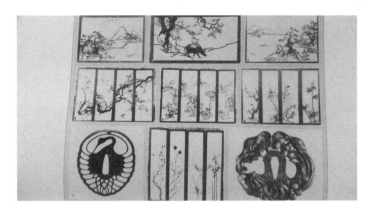

芜湖铁画-1

芜湖铁画-2

芜湖铁画-3

图1-1 芜湖铁画

　　嘉善田歌——嘉善田歌是吴歌的一个品种，是浙江一种独特的歌谣形式，是过去劳动者寻求慰藉、抒发思想感情的歌声。田歌有独唱、对唱和以三人、五人、七人、九人组成的歌班形式演唱，最常见的是把当地悲欢离合的爱情故事编成长篇，到处演唱。田歌的曲调有"滴落声""大头歌""羊早头""落秧歌""平调""急急歌""小快板"等。早在宋代，郭茂清编的《乐府诗选》"吴声歌曲"中就收有嘉善田歌。十二月花名体的《五姑娘》是嘉善田歌的代表作，这是一首以发生在清朝咸丰年间嘉善洪溪乡塘东村的一个真实爱情故事的叙事田歌。（见图1-2）

嘉善田歌-1

嘉善田歌-2

嘉善田歌-3

图 1-2 嘉善田歌

凤阳花鼓——凤阳花鼓又称"花鼓""打花鼓""花鼓小锣""双条鼓"等，是一种集曲艺和歌舞为一体的民间表演艺术，但以曲艺形态的说唱表演最为重要和著名，一般认为形成于明代。凤阳花鼓主要分布于凤阳县燃灯、小溪河等乡镇一带。其曲艺形态的表演形式是由一人或二人自击小鼓和小锣伴奏，边舞边歌。（见图1-3）

凤阳花鼓-1

凤阳花鼓-2

凤阳花鼓-3

图 1-3　凤阳花鼓

侗族大歌——《侗族大歌》，起源于春秋战国时期，至今已有 2500 多年的历史，是在中国侗族地区的一种多声部、无指挥、无伴奏、自然和声的民间合唱形式。1986 年，在法国巴黎金秋艺术节上，贵州黎平侗族大歌一经亮相，技惊四座，被认为是"清泉般闪光的音乐，掠过古梦边缘的旋律"。（见图 1-4）

侗族大歌-1

侗族大歌-2

侗族大歌-3

图1-4 侗族大歌

羌年——羌年是中国四川省羌族的传统节日，于每年农历十月初一举行庆祝活动。节日期间，羌族人民祭拜天神、祈祷繁荣，在释比（神父）的细心指引下，村民们身着节日盛装，举行庄严的祭山仪式，杀羊祭神。然后，村民们会在释比的带领下，跳皮鼓舞和萨朗舞。活动期间，释比吟唱羌族的传统史诗，人们则唱歌、喝酒，尽情欢乐。新年之夜，每个家庭的一家之主会主持祭拜仪式，献祭品和供品。（见图1-5）

羌年-1

羌年-2

图1-5　羌年

昆曲——昆曲是现存的中国最古老的剧种之一，起源于明代（公元
14—17世纪）。❶ 昆曲的唱腔具有很强的艺术性，对中国近代的所有戏剧
剧种，如川剧、京剧都有着巨大的影响。昆曲表演包括唱、念、做、打、

---

❶ 《中国29项世界非物质文化遗产名录》。

舞等，这些内容亦是培训京剧演员的基本科目。昆腔及其戏剧结构（旦、丑、生等角色）亦被其他剧种所借鉴。《牡丹亭》《长生殿》成为传统的保留剧目。昆曲表演用锣鼓、弦索及笛、箫、笙、琵琶等管弦和打击乐器伴奏。昆曲的舞蹈动作主要分作两类，具有丰富的表现力。（见图1-6）

昆曲-1

昆曲-2

图1-6 昆曲

中国编梁木拱桥营造技艺——中国编梁木拱桥营造技艺是采用原木材

料，使用传统木建筑工具及手工技法，运用"编梁"等核心技术，以榫卯连接并构筑成极其稳固的拱架桥梁技艺体系。木拱桥的建造工作由一名木匠师傅指挥，其他木匠操作来完成。木匠的建造工艺按照严格的程序，通过师傅对学徒的口传心授或是作为家族手艺而代代相传。这些家族在木拱桥的修造、维护和保护方面发挥着不可替代的作用。作为传统工艺的载体，木拱桥既是传播工具，也是传播场所。

黎族传统纺染织绣技艺——黎族传统纺染织绣技艺是中国海南省黎族妇女创造的一种纺织技艺，它集纺、染、织、绣于一体，用棉线、麻线和其他纤维等材料做衣服和其他日常用品。黎族妇女从小就从母亲那里学习扎染经纱布、双面绣、单面提花织等纺织技艺。母亲们通过口传心授，传授技能。黎族妇女仅凭自己的丰富想象力和对传统样式的了解来设计纺织图案。在没有书面语言的情况下，这些图案便成为黎族历史、文化传奇、宗教仪式、禁忌、信仰、传统和民俗的记录者。

麦西热甫——《麦西热甫》广泛流传于新疆，由于地域不同，表现出来的形式丰富而又多样，是实践维吾尔人传统习俗和展示维吾尔木卡姆、民歌、舞蹈、曲艺、戏剧、杂技、游戏、口头文学等的主要文化空间，是民众传承和弘扬伦理道德、民俗礼仪、文化艺术等的主要场合，是维吾尔传统节庆、民俗活动的重要部分。

水密隔舱福船制造技艺——福船，是福建、浙江沿海一带尖底古海船的统称。其船上平如衡，下侧如刀，底尖上阔，首尖尾宽两头翘，全身上下蕴藏着美的因素，散发出诱人的魅力。而所谓"水密隔舱"，就是用隔舱板把船舱分为互不相通的舱区，舱数有 13 个、也有 8 个。这一船舶结构是中国在造船方面的一大发明，它具有提高船舶的抗沉性能，又增加了远航的安全性能。漳湾福船承其衣钵，特征鲜明，一脉尚存。

中国木活字印刷术——木活字印刷术曾在温州地区普遍存在。由瑞安平阳坑镇东源村王姓家族传承的木活字印刷术已成为我国完整保留和仍在使用的极少数地方之一，迄今已有 800 多年历史。它完全继承了中国古代的传统工艺，是活字印刷术源于我国的实物明证，堪称古代印刷术的活化石。

广西左江花山岩画——2016 年 7 月 15 日，世界遗产大会第 40 届会议对中国申遗项目左江岩画进行了终审。大会最终一致同意将"广西左江花山岩画"列为世界文化遗产名录。左江岩画在连亘左江数百公里的悬崖峭壁上，共发现岩画 79 个点、178 处、280 组。其中宁明花山岩画是左江岩画的代表。

日本和法国从 20 世纪 60 年代起就开始对非物质文化遗产进行国家性抢救，中国在这方面迟到了将近半个世纪。❶ 当全球经济走向一体化的时候，文化多样性受到严重冲击，越来越多的国家认识到文化本土化的重要性。保护非物质文化遗产，就是在保护自己的历史，保护自己的文化，保护现在和未来对过去历史的认知。

人类社会的发展，需要不断地创新，创新的源泉主要来源于两个方面：一是向外国学习，从异域文化中汲取营养；二是向传统文化学习，从传统文化中吸取精华。非物质文化遗产在文化创新、艺术创新、科学创新等各个领域中发挥着重要的基础作用。失去了民族历史的积淀，我们就像是离开大地母亲的安泰。❷ 保护非物质文化遗产，也是在保护我们创新的基础，发展的根基。文化的多样性创造了一个多姿多彩的世界，它使人类有更多的选择，从上面我们讲的非物质文化遗产分类可以看出：人类的非物质文化遗产本身就是具有多样性的。所以，保护非物质文化遗产又是保护文化多样性的需要。

---

❶ 樊克宁. 保护非物质文化遗产的意义有多大 ［EB／OL］. http://www.hb. xinhuanet.com/zhuanti/2006-02/13/content_ 6228439.htm

❷ 在赫拉克里斯的故事中，安泰是海神波塞冬和大地母神盖亚之子，只要不离地就有力量。

一个民族的凝聚力最根本的是对文化的认同。保护非物质文化遗产还是增强民族自信心和凝聚力的需要。中国的非物质文化遗产，传承了中华民族的道德文明。

（二）民间文学艺术的定义

联合国教科文组织于 1971 年修订的《保护文学艺术作品伯尔尼公约》简单地把民间文学艺术作品界定为："不知作者的、未出版的作品"。该组织于 1989 年第 25 届大会通过的《保护传统的民间文化建议案》将民间文化界定为："来自某一文化社区的全部创作，这些创作以传统为根据，由某一群体或一些个体所表达并被认为是符合社区期望的，作为其文化和社会特性的表达形式；它的准确和价值通过模仿和其他形式口头相传"。

非洲知识产权组织于 1977 年通过的《班吉协定》中规定，民间文学艺术是指由非洲的居民团体所创作的，构成非洲文化遗产基础的，代代相传的文学、艺术、科学、宗教、技术等领域的传统表现形式与产品，具体包括以口头或书面形式表达的民间传说、艺术风格或艺术产品、宗教传统仪式、科学知识及作品与技术及作品等。

多哥《版权、民间文学艺术及邻接权保护法》规定："民间文学艺术是本国遗产的有独创性的合成。本法所称民间文学艺术，包括一切多哥人或多哥部族共同体的昵称、不知名或姓名被遗忘之作者，在我国地域创作的、代代相传的、构成我国文化遗产的基本内容之一的那些文学与艺术作品。"

突尼斯《文学艺术产权法》规定："本法所称民间文学艺术，系指代代流传的，与习惯、传统及诸如民间故事、民间书法、民间音乐及民间舞蹈的任何方面相关的艺术遗产。"

智利、加纳等主张保护民间文学艺术的国家并没有给出具体的定义，仅仅说明它包括共同的民族遗产。由此可见，国际社会对民间文学艺术的内涵与外延尚未达成统一认识。

我国著作权法规定，民间文学艺术作品受著作权法的保护，但保护办法由国务院另行规定。2014 年国家版权局起草的《民间文学艺术作品著作权保护条例（征求意见稿）》规定了民间文学艺术作品的定义，是指由特定的民族、族群或者社群内不特定成员集体创作和世代传承，并体现其传统观念和文化价值的文学艺术的表达。

（三）民间艺术作品的概念

根据我国《著作权法实施条例》相关规定，作品是指文学、艺术和科学领域内具有独创性并能以某种有形形式复制的智力成果。而民间文学艺术作品主要是指，由某一区域的某一群体或者一些个体以传统文化为依据所表达并被认为是符合该区域期望的作为其文化和社会特征的表达形式或智力成果。

主要包括以下几种表现形式：

1. 口头表达形式，诸如民间故事、民间诗歌及民间谜语；

2. 音乐表达形式，诸如民歌及器乐；

3. 活动表达形式，诸如民间舞蹈、民间游戏、民间艺术形式或民间宗教仪式；

4. 有形的表达形式等。

民间艺术作品的主要特征为：

1. 创作主体的不特定性。民间文学艺术作品产生于民间，它没有明确特定的作者。

2. 民族性。民间文学艺术作品通常与某一区域内的群体有无法分割的历史和心理联系，代表着某个民族、地区的文化、习俗和精神，记载着一个民族的历史。

3. 发展的延续性。民间文学艺术作品在传承过程中不断地发展、创新，注入新的内容，使其符合时代的特征。

二、民间文学艺术的特点

民众在其生活文化和生活世界中传承、传播、共享的口头传统、语辞艺术。民间文学在口头性、传承性、集体性、变异性四个方面较为特殊。其门类包括神话、史诗、民间传说、民间故事、民间歌谣、民间叙事诗、民间小戏、说唱、谚语、谜语、曲艺、仪式诵辞❶。当然民间文学也包括书面文献、经卷、宝卷、唱本、戏文；图案造型艺术；音乐舞蹈；岁时节日；电子媒介与互联网等媒介载体。钟敬文先生在《民间文学概论》中对民间文学特点的归纳为众多研究者认可，主要特点如下：

1. 口头性

口头性——用口头语言创作和传播是民间文学的一个主要特征。由于在过去漫长的历史时期中，广大民众（包括专业艺人或半专业艺人）被排斥在文字使用之外，因此，他们的文学创作一般只能用口头语言，甚至地方土语方言去构思、表现（包括演出）和传播。在新社会的人民，虽然大多数识字并使用，但不少场合仍需用口头语言歌咏或讲述。而且要取得民间文学（新民间文学）的资格，必须基本上采用广大人民熟悉的、千百年来民间传承的文学形式，如故事、歌谣等，并且能够使得群众在口头上流传。

2. 集体性

专业作家的书面创作，大都是个人的产物；民间文学作品，大体上可

---

❶　钟敬文. 民间文学概论［M］. 上海：上海文艺出版社，1980.

说是群众集体的创作。所谓集体的创作，在作品内容的思想、感情和想象，在形式和艺术表现以及作品的所有权等方面，比起专业作家的作品来，都存在特有的集体性问题。但这种集体性的重要表现，更在于创作和流传过程中。有些作品，一开始就是集体参与的，但是更多的、也更经常的，却是在它已经成为"初坯"之后，在不断的传唱或讲述的过程中，受到无数的唱述者的加工、琢磨。在这种加工、琢磨中，不但渗入那些唱述者的思想、感情、想象和艺术才能，也包括那些听众所反映的意见和情趣在内。这一点，与那种主要属于个人的一般专业作家的作品，是很不同的。所以民间文学作品一般是无法署名的。民间文学作品，有一部分（可能还是相当优秀的部分）是群众中具有特殊优秀才能和丰富经验的歌唱者、说故事者的创作和加工的结果。它具有一定的个性。但是，由于生活经历和文艺教养等大体相同或相近的关系，其个性是能够与广大群众口头创作的集体性融合在一起的。集体性是民间文学的又一特征。

3. 变异性

民间文学作品的结构、形式、主题等在长期口头流传中，有相对稳定的一面。但是，由于口头语言的不稳定性，作品在流传过程和具体的讲唱中，常常因时间、地域、民族的不同，以及传播者的主观思想感情和听众的情绪变化等因素，而有所变异。这种变异在语言方面是经常的、大量的（尤其是散文作品），其他诸如作品的情节、结构、人物甚至主题都会发生变异。特别是在社会发生大变动时，群众往往将传统作品加以变化来表现新的生活和思想感情，这也是某些新作品产生的一种原因。这种相当广泛存在的现象，在一般专业作家的书面文学中是很少见到的。作家作品中，虽也有前后版本文字不完全相同的情形，特别是古典作家的作品，往往有文字出入的现象（所以须有校勘），但是，这毕竟是比较个别的情形，它除了由于本人的修订或别人的篡改外，大都是由于抄写、刻印、排字等技术失误所导致。它不像民间文学的变异现象那样经常和大量。民间文学的变异性蕴含着所经过的历史、社会和传述者等的思想、才艺的因素，对于研究者来说，是具有积极意义的。这种特征与上文所述的口头性、集体性密切相连，或者说，是它们所产生的自然的果实。这是民间文学的又一个特征。

4. 传承性

过去，人们由于在经济、政治等方面处于不利地位，不能使用文字等工具去记录、保存他们所获得的知识、经验和所创造的各种文化，一般都靠行动、语言传播和继承。风俗习惯如此，民间文学也是如此。这种群众集体所传承的文化，也许没有文献或古物那样能够经久保存，但是，它的生命力也不可低估。有些故事或谚语，已经在两千年前就被文人记录下来，但是，直到今天，它还能够以基本相同或相似的形式活在人们口头上。至于产生已有千年的这类作品至今还流传在人民中间的，就更不用说了。自然，这种靠口头世代传承下来的故事或歌谣，在形态上或内容上多少不免会有些变化。但总算是在生存着，成为我们现代活文化的一部分。

由于时代和社会的重大变化，在历史上曾经作为广大劳动人民唯一的文学形式的口头传承文学，它的某些体裁可能会逐渐消失，某些体裁的内容和形式不能不起一定的变化，也还会有我们所不熟悉的新的体裁出现。这些都是可能的，乃至于是必然的。但是，整个民间文学绝不会消失。因为它的表现媒介是应用最普通和最生动并富于活力的口头语言。只要语言存在，用它作媒介去表现人们的思想、感情和经验的口头文学，人们所熟悉的、方便的表达形式，就要继续产生、存在和传承下去。在中、俄等国的广大民众中间，除了传统的民间文学作品以外，还不断有新的民间文学，即革命传说、新笑话、新民歌及新谚语等的产生和流传。再从历史看，过去那些能使用文字的上层社会的文人学者，在他们的书面著述之外，也仍然在口头上产生和传播着那些轶事、笑话和品评人物的韵语，如《世说新语》里的某些故事和唐人笔记里关于某些名人的笑谈，都是这种例子。

以上四种特征，不是各自孤立的，正相反，是彼此互相关联的（前面已经提到一些）。这些特征，主要是从民间文学与专业作家的书面文学分歧的地方提出的。它们在相当的程度上可以使我们认识这种文学的特征，但这并不是它的全部。

5. 人民性（1950－1970年的概念）

在衡量文学的价值时，往往提出"人民性"的概念。从内容上说，这是一个重要的概念。一个作家的作品是否有价值，首先要看它是否站在广大人民的立场，表现人民的遭遇、理想和情绪，此外，自然还有人民的美学趣味等。人民性越高，同时艺术的力量又能相称，这种作品无疑就是艺术宝库中的珍品。在这个意义上，人民的口头创作有它巨大的优越性。在长期的阶级社会里，广大人民是社会物质财富的生产者，同时也是许多民族文化财富的生产者。一方面，由于他们所处的社会地位，他们在文化创造上有着不利的条件；但是，另一方面，他们却得到了极优厚的补偿。他们是历史的创造者，又是它的见证人。作为文学艺术重要内容的广大人民的社会生活、斗争、思想、感情和希望等，他们是亲身的体验者。他们的文艺传统又都是这株社会生活常青树上所结的果子。在这种意义上，他们是"得天独厚"的。许多优秀的进步作家，由于同情和理解劳动人民，他们写作了具有人民性，乃至高度人民性的作品，这当然是值得称赞的事。但是，由于生活本身的距离，他们的作品尽管有其不可企及之处，在理解和表现人民的心理等方面就往往有某些隔阂，因而使作品带有一定的局限性。这种情况，我们很容易在中国古代那些表现民间疾苦的诗歌中找到例证。在这点上，民间文学的作者却天然地有其优越性。只要听听中国过去流传的那些"长工歌"及"长工和地主"的故事，就可以明白这一点。他们自身是文学内容的经历者或见证人，因此有些学者把这种人民性叫作"直接的人民性"。

一般具有比较优越的人民性的民间文学，它的内容是相当广阔的。有的作品想象地描绘自然的奇妙光景和万物的诞生；有的半写实半幻想地描绘人类早期的处境、活动及其对文化的开拓；有的描绘民族的由来及其迁徙过程和杰出的领袖人物。有的作品描绘抵抗压迫、灾难的英雄；有的描绘捉弄阶级敌人的民间智者；有的表现工艺、医术的巧匠、神医；有的塑造了智慧超人或纯情惊世的妇女。有的作品直接倾诉受压抑的痛苦，或抒写真挚的恋情，或寄寓渴望的生活理想。

6. 艺术性（从审美角度的阐释）

民间文学的优越所在，绝不仅仅限于它的内容、思想方面。它是一种特殊的文学，一种用语言以及兼用表演的艺术。它必须也必然在某些方面具有艺术的特点。一般文学体裁，分为三大类，诗歌的、散文的和戏剧的。在这方面，民间文学与专业作家文学基本上是相同的。散文故事、叙事诗等大都有人物、情节，长诗、短谣以及部分谚语、谜语，大都有一定的句式和韵律，小戏有故事情节与对唱形式等，这也都与作家文学大略相同。但仅仅这些还不能完全证明它的艺术性。许多民间作品还具有其独特的和优越的艺术特点、艺术成就。在中国，陆续发现、收集的各民族史诗，不但数量多，有的篇幅的浩繁和内容的壮阔（如藏族的《格萨尔王传》等），是令世人惊异的。我们常常把民间文学的艺术特色，简括为"刚健、清新"，这自然有一定根据。但它的艺术的特长是多方面的。从风格上说，朴素、简练，是一般民间文学的重要特点。但是，某些类型的作品，例如小戏，却往往比较精巧地描绘了人物的心理。总之，民间文学的艺术特色和优点，和它的内容的广泛一样，是多方面的，有的还是不可企及的。

7. 生活性

民间文学是广大人民长期社会生活的产物。它凭他们社会生活的需要产生和流传，它精确地反映了他们各方面的生活和有关的思想、感情。它直接地或间接地为他们的生活服务——给以知识、教诲、鼓舞和希望，其中有些本身就是生活的构成部分。

三、民间文学艺术的功用

民间文学是深深植根于生活文化中的。它的社会功用，也和专业的书面文学颇有不同的地方。它更紧紧地黏贴着生活，是农民、渔民、工匠等生活和劳作的教科书。❶ 不少劳动歌，是他们在各种劳动进行中调整呼吸、动作和鼓舞情绪的不可缺少的东西。许多世代相传的古老神话和传说，不但传述了一定的历史知识，还培养着国家民族团结的感情。许多保卫乡土、保卫祖国的英雄传说，永远给予广大人民以鼓舞力量。许多描写卑贱者、受压迫受虐待者的反抗故事、歌谣和小戏，都长时期地广泛地教育着人民，培养着他们高尚的情操和品格。

1. 历史传承

民间文学，与过去专业作家的书面文学，在许多方面，特别在内容和形式方面，有很大歧异。这两种文学，已经成为各自相对独立的东西。自然，它们彼此还是有多方面的关系的。从来源说，它们的共同根源是"原始文学"❷。在没有阶级的社会里（大约在"野蛮阶段"的中期），文学的一些种类——神话、传说、歌谣之类，大抵已经产生了。这主要是氏族或部落大众所产生和共有的文学。它即使有初步的社会分工所产生的带有某些专职性质的管理者兼作者，如早期的巫师、祭司之类，但在思想和艺术趣味上也是和氏族或部落的一般成员密切联系着的。阶级社会形成之后，

---

❶　钟敬文. 民间文学概论［M］. 上海：上海文艺出版社，1980.

❷　起源于原始人类的生活，包括生产劳动、宗教祭祀、婚丧风俗等内容，通过口耳相传的原始歌谣和神话传说。

替上层阶级服务的文艺专职人员以及史官、诗人和宗教执行者产生了。这就使文学日益书面化，越到后来越和"原始文学"的传统（口头性等）距离远了。但是在上层阶级的专业或半专业的书面文学产生、发展的同时，广大的下层人民，主要是农民，还有工匠等，由于所处的社会地位，被剥夺了文字的使用权，他们基本上仍然沿用着以口头语言为表现和传播工具的传统，并且随着社会生活的前进，或大或小地变化着。

在另一方面，它们两者又互相影响。在中国的文学史上，不但有不少民间文学作品，例如汉魏、六朝的民歌及古代的神话、传说、民间故事（包括寓言、笑话），被记录下来而成为书面文学，成为这方面文学的一部分；而且，不少书面文学的诗歌、故事和传奇、笔记小说等体裁，往往也是由民间文学发展而成的。有的学者曾经指出这种影响，对某时期的专业作家文学起了一种"拯救衰敝"的作用。至于书面文学取材民间文学或用它作"辞藻"的，就更加常见了。同时作家的书面文学，在思想、想象和语词等方面也多少对民间文学起过一定的影响（它往往通过市民文学的渠道），虽然和前者比较起来，这种影响是微弱的。

2. 民族影响

各民族民间文学的交流、影响中国民间文学是多民族的民间文学，各民族的民间文学也存在着互相交流、影响的明显现象。中国是一个多民族的国家。境内东南西北各省、区，居民除汉族外，差不多都居住着少数民族。汉族人民数量多，文明发展也比较早。但它不是一开始就是单一的民族。在长期的历史发展过程中，它不断融合了许多本来各自独立的部落、部族，到后来才形成了一个统一的民族。在它的整个文化的形成中，已包含着本来各自独立的、又各具特色的文化成分。同时在汉族本身的融合、发展过程中，也和许多周围还未同化或未完全同化的民族共同存在着，并在文化上互相影响和互相促进，这种过程一直延续到现代。因此，在我们这个民族的大家庭中，汉族的民间文学，与各民族民间文学交错着、联接着。尽管彼此都有独有的基本部分，但大都有接触影响，形成彼此民族间的共同色彩的部分，特别是那些民族间接触较早或居住交错、比邻的民族所产生影响或承受影响的痕迹更为显著。例如汉民族的一些著名故事，如牛郎织女传说、孟姜女传说、梁山伯与祝英台故事等都相当广泛地被吸收入南方各少数民族的民间文学宝库中。❶ 汉族民歌中的某些常见的形式如四句头山歌等，也为一些兄弟民族所采用。又如中国现代流传的民间故事，如灰姑娘型故事，很早就已经被记载在汉籍里，而较早的流传地却是壮族地区。问活佛型故事流传于汉、藏各民族间，但从它的来源说，应该流传于藏族。有些民间文学体裁和创作、演唱形式，已经成为若干民族不可分离的共同文化财富。例如甘肃、青海、宁夏、新疆等省、区流行的"花儿"和"花儿会"。

各民族之间民间文学的接受影响，并不是生吞活剥、生搬硬套，大都是以自己民族的生活和文化为基础，对它进行选择、取舍和改造、加工的。他们尽力使它民族化。这是民族间文化交流影响的自然法则。它与那些强迫接受的文化政策的作用是不同的。

3. 国际交流

民间文学，至少它的某些体裁，如民间故事，不仅在同一国境内的不同民族之间互相交流、影响，在国境以外，甚至在地理上相隔比较遥远的地区、民族的民间故事、传说或谚语等，不仅有许多构思、表现手法相似，有的故事连基本的人物、情节都相同或相似。后者大都是传播的结果。像灰姑娘型故事、天鹅处女型故事等"世界大扩布"的民间叙事作品，就属于这一类。

---

❶ 张煌新. 民间文艺的社会作用 [J]. 安徽文学月刊，2014（4）.

此外，像故事或叙事诗里，某些构思或部分情节相似的，即使不能说整个作品是由于传播的结果，却可能是直接或间接受别的民族影响的结果。中国与邻近国家如印度、朝鲜和日本等，都有长久的文化上的交往，因此，中国的民间文学，特别是散文的叙事作品中和那些国家或民族同种类作品的关系是相当密切的。这方面，比较严密的研究，刚刚开始。从这种民间文学的互相交流、影响现象看，世界各民族的文学及文化的交流的确是渊远而流长的。

4. 现代功用

过去劳动人民所创作的无量数的口头文学作品，起着辅助人民的现实生活，哺养他们的精神活动等社会作用。到了现代，他们又在社会和本身生活的要求下，创造了新的民歌和新的传说、笑话，它们更广泛、更直接地配合人民的生活，反映人民的舆论，与时代的进步、作家的作品互相呼应和配合，起着帮助改革社会和推进生活的作用，尽管两种文学在传统和风貌等方面存在着种种不同的地方。在当前，那些传统的民间文学作品，一方面，仍然以口头的方式在广大民间流传着，继续起着各种效用；另一方面，由于学界的重视，对它广泛地进行采集（也包括那些新的作品在内），经过选择和整理，送还到广大人民中间去，使它能在当前的社会条件下发挥新的作用。这种作用，往往不是一般的教科书所能够代替的，至少在使劳动人民认识自己先辈的历史和鼓励他们的社会正义感情等方面是如此。至于那些新的民间文学作品，对于当前广大人民能产生的教育作用，就更不用多说了。

5. 理论价值

民间文学的现实作用，还有另外的一方面，那就是经过研究后的理论知识的作用。把民间文学作品作为对象，用历史唯物主义观点对它进行研究，所得出的科学原理，用以教育广大人民，这首先使人们理性地认识过去和现代广大物质财富生产者所创造的语言艺术的种种方面——它的本质、特点是什么？它是怎样产生和发展的？它与别的艺术和社会的关系怎样？它起着什么社会作用？……认清了这些，可以正确了解作为劳动人民宝贵的精神财富之一的民间文学。

6. 文化遗产价值

民间文学的搜集整理和研究对保护非物质文化遗产至关重要。民间文学是一种特殊的学问——有些学者说它是一种综合性的艺术，也是一种重要的文化事象。这种文学或文化，是国家、民族中广大物质财富生产者所创造和拥有的精神财富。它不但有自己的思想内容和艺术形式，也有它独特的表演过程和传播的方式。它无疑是民族文学或文化中的重要部分，自然要成为民族文艺学及文艺史探讨和叙述的对象，特别像我们这样以劳动人民为主体的社会主义国家更应该是如此。但是，过去由于种种原因，这种特殊的文学受到歧视，不但对它缺少科学的研究，就是搜集、保存工作也没有多少人去着手。"五四"新文化运动以后，特别是中华人民共和国成立以后，情形大大改变了。但是传统的或某些新的偏见还存在着。因此，现代的文艺学或文艺史在理论概括上或历史的探讨和叙述上，还不能给予它应有的、充分的位置。随着学风的转变，学术界正在逐渐打破那些固有的或外来的框框，把这种特殊的、富有价值的劳动者的文学作为民族文学的重要部分，给以科学的探索和恰当的叙述，努力使我们新的文艺学和文艺史具有更高的民族的、社会主义国家的学术的特色。

至于民间文学的搜集、研究与文化史以及文化学的关系，同样是密切的。文化史，特别是文化学，它在我们国家还是相当年轻的学问。文化史及文化学的探究、叙述，自然应该以世界的或民族的整个文化为对象，它既包括物质文化，也包括精神文化；既包括上层阶级的文化，更应包括一般民众的文化。劳动人民的文学无论从量看，或从质看，本身固然是一种重要的文化事象，更需要指出的是它还包含着其他的文化成分和跟它同时并存的各种文化事象密切相关（例如民间歌谣对于其他艺术，乃至与生产活动、社会组织等的连带关系）。❶ 要叙述中国汉民族或其他兄弟民族的文化史，决不能漏掉或抛弃民间文学这种重要的精神文化产物，否则，不仅使它概括不周全，还可能影响到对整个文化现象评价和叙述的准确性。

---

❶ 陈献兰. 民间文学的继承与发展 [J]. 民风，2008（9）.

第二章

————

民间文学艺术与知识产权的关系

　　近年来，我国民间文学艺术保护取得了长足的进步，但是不管在国内还是国际，对怎样保护民间文学艺术都存有相当多的争议。厘清这些争议，有助于民间文学艺术保护工作的顺利开展。

一、民间文学艺术著作权保护问题的源起

　　民间文学艺术的著作权保护问题起源于 20 世纪中后期。全球化议题在两次世界大战后得到了最大限度的拓展，市场经济的浪潮开始席卷世界。❶在全球化背景下，来自西方的强势经济和文化的冲击使得本来处于弱势地位的发展中国家逐渐丧失了在经济和文化中维护自身利益的话语权。

　　从文化安全角度来讲，发展中国家面对西方强势文化的入侵掀起了保护自身文化安全、反抗文化霸权主义的运动。

　　从利益获取角度讲，全球化背景下对信息资源掌控的多少决定着一个国家经济发展实力的大小。保护民间文学艺术，使国家和社会承认其价值，也就是维护了这些民间文学艺术背后的潜在利益。

　　从知识产权制度本身讲，发达国家与发展中国家的知识产权保护程度极不平衡。由于众多的发展中国家拥有极为丰富的民间文学艺术资源，发达国家凭借现行知识产权制度中关于民间文学艺术保护的立法空白，利用先进的信息科技手段无偿获取发展中国家的传统文化知识，进而转化为其本国文艺创作、文化创新的智力资源，并在这个过程中获得了巨大利益。而民间文艺源流地的人们却没有获得丝毫回馈。例如：花木兰与熊猫的"产地"是中国，而商业化"制造地"是美国，在美国公司赚取大把收益的同时，中国只能对人物形象的改变做点评论。

---

　　❶　龙冠中. 公法与私法间的抉择［J］. 知识产权，2012.

鉴于此，从 20 世纪中后期开始，首先由非洲发展中国家牵头，进而在全球范围内展开了运用知识产权制度保护民间文学艺术的议题，至今成果丰富。世界知识产权组织在 2000 年讨论成立了遗传资源、传统知识和民间文学艺术政府间委员会，为将民间文学艺术的国际保护推向更高水平提供了有效途径。

我国在推进保护民间文学艺术过程中，针对著作权制度是否适用于保护民间文艺也曾产生过巨大的立法争论，1990 年我国《著作权法》首次确认民间文学艺术作品享有著作权并受法律保护，并在 2001 年著作权法第一次修正中规定"民间文学艺术作品具体保护办法由国务院另行规定"，2014 年国家版权局起草了《民间文学艺术作品著作权保护条例（征求意见稿）》。

二、知识产权制度应该适用于民间文学艺术保护

近代知识产权体系是随着近代人权理论扩张、主体权利意识觉醒和工业化革命的创新推动而建立的。知识产权制度设计的宗旨在于激励创新，通过赋予权利人一定时期的专有权利让权利人获得与其投入的智力劳动相匹配的利益，以达到激励创新的目的。

但是就传统的知识产权制度，尤其是著作权制度看，由于民间文学艺术具有较为显著的群体性、口头性、传承性和变异性的特点，导致用现行著作权制度保护民间文学艺术时产生了权利主体不确定、权利保护客体不确定、保护时间受期限限制等矛盾，与著作权法相冲突。有学者指出，当代知识产权哲学与民间文学艺术相冲突是十分明显的，具体包括：功利论与民间文学艺术集体性的冲突；劳动论与民间文学艺术共创性的矛盾；洛克先决条件与民间文学艺术属于公有领域的解读；人格论与民间文学艺术的群体人格的矛盾；社会规划论与民间文学艺术著作权保护的信息封建主义的冲突。从某些方面讲这些质疑是有一定的道理的，但并不能得出对民间文学艺术只能适用公法保护的结论。理论作用于实践需要时间的考验。从知识产权的发展态势来看，通过知识产权法，尤其是著作权法体系保护民间文学艺术是具有正义性的。❶

传统知识产权保护的领域已经不能适应社会发展的客观要求，诸如计算机软件、数据库信息、植物新品种等已经被纳入知识产权的保护领域。同时，权利的多样化也在逐渐呈现，仅在著作权领域就产生了播放权、出

---

❶ 周安平，龙冠中. 公法与私法之间的抉择——论我国民间文学艺术的知识产权保护 [J].
知识产权，2012（2）.

租权、网络传播权等新型权利，这些权利均逐渐被纳入各国著作权法的范畴。尤其是西方国家常常突破传统知识产权理论，将其扩张化以保护创新投入，这时就更具有特别含义。可以这么认为，知识产权体系，尤其是著作权法体系是与时俱进、不断完善的。

知识产权制度的演进历程告知我们，现阶段的知识产权制度已不仅仅是在保护创新，同时也在平衡知识产权权利人与社会公共领域之间的利益关系。无论知识产权制度怎样变革，它都会在社会公众与知识产权权利人中间一如既往地充当调和剂，最大限度地维护知识产权权利人的利益和社会公共利益。这两种利益是一种动态的平衡。仅从著作权法领域看，权利保护期、法定许可、合理使用制度就扮演着抑制著作权人的权利界限、维护社会公众合法使用作品的角色。当然从现今众多的民间文学艺术被无偿使用的情形看，最重要的还是要在民间文学艺术利用过程中找到利益平衡点并合理分配基于各种利用方式产生的收益，防止对民间文学艺术的歪曲和滥用。

基于此，正是由于私权领域内的法律缺位导致利益关系分配不公，才出现了目前民间文学艺术保护的困境。私法如若不对这些利益关系加以关注是极为不正义的。民间文学艺术由于承载了传统文化在流传过程中多姿多彩的信息，在现代市场经济浪潮中具备巨大的商业价值。许多民间文学艺术项目稍加开发便可创造出巨大的利润。从反面角度讲，如果不对民间文学艺术加以保护，那么其就有可能在不久的将来失传。一方面，对于这些民间文学艺术所代表的族群来说，失去的是与民间文学艺术产生伊始便具有的精神利益和这些民间文学艺术被商业开发利用后所带来的经济利益；另一方面，对于社会公众来说这些民间文学艺术的消失则会让后代人永远丧失欣赏我国多彩的民族文化的机会。因此只有将民间文学艺术所涵盖之地族群的这种私权利益进行合理的保护，才能为民间文学艺术的传承和发展提供动力，社会公众也才能够进一步获得分享众多民间文学艺术的机会。我国现行《著作权法》第六条将民间文学艺术作品纳入著作权法保护也从立法角度确认了保护民间文学艺术族群法定权益的必要性。❶

　　就传统的知识产权制度，尤其是著作权制度看，由于民间文学艺术具有显著的群体性、口头性、传承性和变异性的特点，导致用现行著作权制度保护民间文学艺术时产生了权利主体不确定、权利保护客体不确定、保护时间受期限限制等矛盾，与现行著作权法相冲突。因此要适应社会生活的发展，法律的与时俱进便是十分必要的。要在已被广泛接受的知识产权框架内充分保护民间文学艺术，就必须重新塑造现代知识产权制度框架，打破已有的利益平衡关系。重塑绝不是推翻现有制度而重来，对知识产权现有体系推翻重来的做法是万万不可取的。在知识产权法体系内，重塑的本质是根据现有的著作权体系适度修正某些条文或创设新的权利形式以适应新形势的发展。

---

　　❶　周安平，龙冠中. 公法与私法之间的抉择——论我国民间文学艺术的知识产权保护 ［J］.知识产权，2012（2）.

三、知识产权制度保护民间文学艺术的必要性

1. 保护国家利益

随着经济全球化进程的发展，各国在经济领域的斗争越来越激烈，这在知识产权保护方面有着突出的表现，一方面，知识产权作为民法的一个特别法，对民法中的公平、平等、诚实信用和公序良俗等原则有一定的反映，这也是构成作为知识产权法律体系的一个部分的反不正当竞争法的基础；另一方面，知识产权又是在国内法中受国际条约影响和约束最多的法律之一，不仅受到由世界贸易组织所管理的多个条约的影响，而且还直接受《与贸易有关的知识产权协定》的约束。该协定为所有 WTO 成员提供了从保护范围、方式到执法和救济措施在内的全方位的最低要求，并作为国家义务要求成员将其贯彻到各自的知识产权法体系中。而对于知识产权保护的客体、方式和程度上发达国家和发展中国家作为两大利益对立集团发生了很大的分歧，双方都想保护自己具有优势的领域而减少对对方具有优势的领域的保护。

在这种国际环境下，如何尽力保护有利于自己的知识产权便是各个发展中国家所面临的一个重要的课题和任务。大多数发达国家认为民间文学艺术属于公有领域，不适宜保护。❶ 我国作为发展中国家有着悠久的历史和极为丰富的民间文学艺术，这是我们中华民族的宝贵财富，而发达国家由于在人才、资金和技术方面具有优势，经常无偿地攫取这些民间文学艺术进行商业性的创作，而我们却必须为这些商业创作支付版税或者类似的

---

❶ 冀红梅. 民间文学艺术的著作权保护 [J]. 科技与法律，1998.

费用才能欣赏，例如美国迪士尼公司利用我国民间故事花木兰而创作的动画电影《花木兰》。

所以说，为了保护我国的国家利益，我们必须要制订出完善的方案来保护民间文学艺术。

2. 保护传统文化和人文价值

由于 WTO 作为世界性的贸易组织的局限性，它不能提供更需要保护的人文方面权力和利益的平台。对于民间文学作品的保护不仅仅是针对经济或者利益分配而提出来的，更为重要的一个方面是对发展中国家传统文化的保护，因为在经济全球化过程中，发达国家的文化随着他们经济上的优势而变成优势文化对发展中国家的传统文化形成了巨大的威胁和挤压，对这些民间文学艺术作品进行肆意的改编和侵占，对他们的文化性和艺术性造成混乱和损害，例如，日本根据我国的水浒故事和人物所进行的动画创作，其中的人物形象完全是现代日本动画的风格，与我国的传统文化大相径庭。最具代表性的是以好莱坞为代表的美国电影文化和以奥林匹克运动会为代表的西方体育文化对整个世界的几乎是无处不在的影响。所以，我们必须尽快采取相应措施保护并推广民间文学艺术，防止我国优秀传统文化在文化撞击中消失。

第三章

国外的立法经验及其借鉴

对于民间文学艺术的保护，国外主要是通过私法的角度予以保护，通常是在其版权法中予以特殊的规定，后来这种保护逐步由国内法保护向国际法保护发展。为了保护人类珍贵的文化遗产，在给民间文学艺术作品提供知识产权保护上，联合国教科文组织和世界知识产权组织一直在继续地努力着，并且成为在国际上推动建立民间文学艺术作品保护制度的重要力量。意大利是世界上第一个使用国内知识产权法保护民间文化的国家。它除了在 1889 年制定《文学艺术版权法》外，还制定了关于文化遗产及传统手工艺保护的法律，形成较为完备的传统文化遗产保护制度。意大利对非物质文化遗产制定的保护制度，主要特点是民间文学作品的著作权享受无限期。如果以营利为目的而使用民间文化的，不仅要征得文化行政部门的许可，还要缴纳一定的使用费，把收取的使用费以基金的形式进行管理。

一、国际组织对民间文学艺术的保护

1976 年，联合国教科文组织和世界知识产权组织决定以"其他形式"保护民间文学艺术，为发展中国家制定了《突尼斯样本版权法》，规定了对民间文学艺术的保护条款，以期为发展中国家在制定和修改国内版权法的时候提供借鉴。突尼斯规范第 6 节是关于民间文学艺术的保护，"因为在发展中国家，民间文艺组成了文化遗产中的一个重要部分，它容易受到经济利用的影响，这些国家应该从中受益"。示范法规定"民间文学作品应该通过各种方式保护而没有时间限制"，同时该条款还大胆提出了这样的国内民间创作的作品不以被固定在物质载体上为保护要件，并且示范法还规定了转售权，即作者可以分享从作品公开拍卖或销售中获得的收益。

1977 年，12 个非洲国家在中非首都班吉通过了《成立非洲知识产权组织（ARIPO）的班吉协定》，简称《班吉协定》。《班吉协定》的保护客体为"一切由非洲的居民团体所创作的、构成非洲文化遗产基础的、代代相传的文学、技术、科学、宗教、技术等领域的传统表现形式与产品"据此，《班吉协定》将民间传说、民间文学作品、民间艺术、传统的宗教仪式、传统的科学知识、传统教育等都纳入了保护范围。

1982年联合国教科文与世界知识产权组织在日内瓦联合召开了"民间文学艺术表达保护知识产权问题政府专家委员会"的会议，在本次会议上讨论通过了上述草案，定名为《关于保护民间文学艺术表达形式以抵制非法利用和其他不法行为的国内法律示范性特别条款》。示范规定就民间文学艺术的保护原则、受保护的民间文学艺术表达形式、许可使用、不需要许可进行使用的情形、对民间文学艺术来源的确认、违法行为等方面的内容进行了规定。

1989年，联合国教科文组织在巴黎举行第25届大会，并通过了《保护民间创作建议案》。这个建议案考虑到"民间创作是人类共同财产，它是不同文化背景的各国人民和各社会集团进行交流的重要载体"，"作为文化遗产和现代文化的特殊而又重要的组成部分，民间文学艺术的价值值得强调"，它"建议各会员国根据各国宪法规定，通过所需要的立法措施或其他步骤，执行保护民间创作的各项规定"。国际公约和国际组织在民间文学的保护上做出了巨大的努力，虽然这些建议案、示范法、草案等不具有国际法上的效力，但它们体现了保护民间文学的要求和发展的趋势，也因此在一定程度上起到影响国际条约的作用。

1994年突尼斯在对该国的《文学和艺术产权法》进行修改的时候，增加了一条"取材于民间文学艺术创作作品要取得文化部的许可"。这是世界上第一部对民间文学艺术实行保护的法律。自此，非洲的摩洛哥、肯尼亚、阿尔及利亚、几内亚、喀麦隆、塞内加尔、布隆迪、布基纳法索、中非共和国、马里以及拉丁美洲的巴巴多斯、玻利维亚、阿根廷、多米尼亚、哥伦比亚、智利以及亚洲的斯里兰卡、越南、伊朗、印度尼西亚也纷纷通过法律对民间文学艺术进行保护。这些国家的做法是一致的，均将民间文学艺术规定在著作权法中。而智利和玻利维亚的规定较为特殊，依照智利的著作权法，民间文学艺术作为作者不明的作品已经进入共有领域，应当属于公共文化财产，但是使用者使用这种公共文化财产仍然应当支付使用费。玻利维亚的《著作权法》规定："民间文学艺术已经进入公有领域，他人可以以任何形式和任何方法对其自由使用，但是使用者应当向国家支付使用费，用于促进和传播本国的文化产品。"

1996年通过的《世界知识产权组织表演和录音制品条约》中出现了民间文学艺术作品："'表演者'指演员、歌唱家、音乐家、舞蹈家以及表演、歌唱、演说、朗诵、演奏或以其他方式表演文学或艺术作品或民间文学艺术作品的其他人员。"但该规定仅赋予民间文学艺术的表演者以邻接权，却未赋予民间文学艺术的创作主体以权利。鉴于民间文学艺术的表演者未必是民间文学艺术的创作主体，该规定在保护主体上的偏差，不但没有从根本上保障创作主体的利益，反而可能为侵害民间文学艺术创作者的利益的行为提供合法依据。

利用知识产权保护非物质文化遗产已逐渐在国际社会达成共识。世界知识产权组织为推动非物质文化遗产的知识产权保护，于2000年成立了"知识产权与遗传资源、传统知识和民间文艺政府间委员（Intergovernmental Committee on Intellectual Property and Genetic Resources，Tradition Knowledge and Folk-lore，简称WIPO-IGC），该委员会的成立表明与会代表团已经在知识产权制度框架下保护非物质文化遗产达成了基本的一致。联合国人权委员会做过一份有关人权的报告中指出，面对知识产权保护和土著及本土社区知识的保护之间存在的紧张关系（例如未经知识持有人同意被社区之外的人使用其知识，并且没有公平补偿），要求对现存的知识产权制度进行修改、改变和补充以适应非物质文化遗产的保护。

2006 年 11 月，世界知识产权组织知识产权与遗传资源、传统知识和民间文学艺术政府间委员会（WIPO-IGC）发布的在传统文化表达形式保护上的最新成果——《保护 TCEs/EoF 政策目标与核心原则修订稿》，在探讨保护政策、知识产权制度与传统文化从业者和管理者之间实际联系等方面均取得了实质性进展。

此外，《伯尔尼公约》中"未出版作品"相关规定，对作者不详的、"未出版"的民间文艺作品可以提供保护。《与贸易有关的知识产权协议》《版权条约》数据库著作权保护制度可以保护具有独创性的民间文艺数据库。就邻接权制度而言，《表演与录音制品条约》建构的民间文艺表演者保护制度可以为民间文艺表演者的"表演"提供邻接权保护。

二、美国：充分利用商标制度保护土著艺术品

美国的民间文学艺术，基本上就是印第安等少数部落的传统文化财产。在美国国内，属于印第安人标记的商业化运用已经深入到美国社会的方方面面，从香烟到啤酒，从文化产业到制造业，无不打上印第安的标记。在国际市场上，外国产品假冒印第安艺术品的情况比较突出，为此美国每年的损失高达 10 亿美元。为了减少这种损失，早在 1935 年美国就通过了第一部《印第安艺术和手工艺品法》（Indian Arts and Craft Act），即 IACA。该法案将出售假冒印第安产品或制品的行为定性为犯罪，并规定了相应的刑事制裁措施。1990 年美国修订了 IACA，增加了对出售假冒印第安产品或制品的行为人的民事制裁，其目的是保护美国印第安传统的工艺和文化，帮助消费者抵御仿制品。2000 年 1 月美国又通过了《印第安艺术和手工艺品保护实施办法》，进一步细化了 1990 年修订的 IACA 第 6 条关于对仿冒印第安艺术及手工艺品的行为提起民事诉讼的程序规定。❶

自 1990 年修订 IACA 增加了对出售假冒印第安产品或制品的行为人的民事制裁以来，印第安各部落以及他们的艺术和手工艺品协会就开始向联邦法院提起相关的侵权损害诉讼。其中最具有代表性的两个案例是，2005 年的美国本土艺术公司诉沃尔顿公司案和 2006 年的美国本土艺术公司诉哈特福德案。沃尔顿案是在美国联邦上诉法院受理的第一起有关印第安艺术和手工艺品的案件。原告是一个印第安艺术和手工艺品组织，他们声称被告 Waldron 并不是一个印第安人，但是却在出售"印第安款式的珠宝"并在广告上给这些珠宝起了印第安式的名字，如 Navajo、Crow 和 Zuni Bear。

---

❶　孙彩虹. 国外民间文学艺术法律保护实践及其启示 [J]. 河南大学（社会科学版），2011 (3).

在哈特福德案中，原告根据 1990 年修订的 IACA 诉称被告在珠宝制品的广告中涉及"虚假暗示"。虽然两个案件最终的审理结果是法院判决支持了被告，但是法官在对陪审团进行阐明时一再强调，在判断一项指控是否构成"虚假暗示"时，要明确"虚假暗示"应是针对普通的消费者，包括整套销售流程，即广告、标签和销售的场地。

从美国法院对 IACA 的适用中可以看出，美国对于商业利用民间文学艺术进行再创作的行为并不禁止，即美国不承认民间文学艺术的所有人有权在其所有的文学艺术被商业化利用时分享收益，但是 IACA 维护了最基本的商业秩序，制止了对民间文学艺术的假冒和滥用，最终维护了民间文学艺术本身的纯正性。

三、日本：扩大"文化财"概念保护民俗文化

在日本，"文化财"一词出现于太平洋战争期间。

《文化财保护法》制定的契机之一，是 1949 年 1 月法隆寺金堂壁画烧毁事件。2 月参议院文化委员会就失火事件质问政府，之后十多位议员围绕保护立法问题，经过十多次的考察、学者恳谈、研讨，以及与众议院间的磋商，方针由修订旧的《国宝保存法》，发展为制定更全面、更具力度的新法律。5 月，参议院通过并向第 5 次国会提交了《文化财保护法》草案。

在 1949 年关于草案的答辩中，旨在立法的参议院议员一面使用"文化的遗产"一词表述历史上形成的文化产物全体，一面将"文化财"的范围严格限定在以国宝、重要美术工艺品以及戏剧、音乐、工艺技术之内。甚至明确表示史迹、名胜、天然纪念物等虽然其有着很高的历史价值，应该大力保护，但不属于"文化财"的范围，应该由其他法律加以管理。

从 1949 年草案只包括"国宝及其他重要文化财"（后改称"有形文化财"）和"戏剧、音乐、工艺技术及其他无形的文化财"（后改称"无形文化财"）两类，到 1950 年正式的《文化财保护法》中增加"民俗资料"（后强化为"民俗文化财"）、"考古资料"（也称"埋藏文化财"）、"史迹、名胜、天然纪念物"等类别，再到 1975 年该法修订时增加"传统建筑群保存地区"及"文化财保存技术"两类，可以说"文化财"的范围一直在扩大之中。但在日语文章中，"文化财"一词，除了相关的法律及行政文件外，依然多出现于对相关制度的论述或介绍的文脉之中，其含

义仍然是指法律制度的对象，很少用以泛指所有的文化遗产。❶

1954 年，《文化财保护法》做了较大规模的修订。总则中的"民俗资料"，扩大为第三条："在理解国民生活变迁时不可或缺的衣食住、生产劳动、信仰、年节活动等风俗习惯，以及所使用的服装、器具、屋舍或其他物件（以下称为'民俗资料'）"。这也成为法律上对"民俗资料"的第一次定义。

1975 年对《文化财保护法》的修订，是继 1954 年后的又一次大规模修订。在国土大开发背景下对"埋藏文化财"规定的充实，从私有权角度出发的对改变现状加以限制时予以一定补偿的制度创设，以市町村为主体的"传统建筑物群"保护制度的新设，保护对象中"选定保存技术"的新增，"重要无形文化财保持团体"规定的增加等，都是较为显著的特色。就民俗文化而言，这次修订将"民俗资料"改名为"民俗文化财"，将"有形的民俗资料""无形的民俗资料"这样的描述固定为"有形民俗文化财"和"无形民俗文化财"，并改称"乡土艺能"为"民俗艺能"，将其由"无形文化财"划归到"无形民俗文化财"之中。

1998 年 3 月日本文化厅提出《文化振兴总体规划》，2000 年自民党森喜朗内阁成立后，也将文化振兴作为政策的重点之一，大幅增加文化厅的预算额，2001 年 12 月通过了《文化艺术振兴基本法》。这些都显示出了行政方面以"文化"为资源展开国内政策的倾向。在此背景下，涵盖所有具有历史价值的文化产物的总体概念，也更为必要。

就这样，通过对"文化财"概念的不断修正，日本将民俗文化逐渐用法律手段保护起来。

---

❶ 王京. 关于日本文化遗产保护制度的几个问题 [J]. 文化遗产，2012 (1).

四、澳大利亚：通过司法实践保护土著社区群体利益

澳大利亚拥有众多的土著居民和丰富的土著文化，因此它也成为对民间文学艺术进行知识产权保护最为积极的发达国家之一。虽然澳大利亚在法律上并没有明确民间文学艺术的知识产权保护问题，但是在司法实践中，无论是法院还是土著居民均表现出极大的热情和积极保护的倾向。

1994 年，澳大利亚联邦法院审理了 Milpurrurru 诉 Indofurn 案。该案的被告是一家地毯公司，Milpurrurru 代表土著艺术家，起诉该地毯公司未经授权就在其生产的地毯上印制了大量由澳大利亚土著居民设计的不同图案，其后又将这些地毯在澳大利亚境内出售。联邦法院审理后认为，这种未经授权就将具有宗教意味的图案印制在地毯上任由地毯使用人踩踏的行为，是一种无礼的行为。它不仅伤害了艺术家所在社区居民的感情，而且对设计该图案的艺术家也造成了侵权和伤害，最终法院支持了原告的诉求。❶

在随后的 1998 年，澳大利亚联邦法院又审理了 Bulun 和 Milpurrurru 诉纺织品公司案（Bulun v. R & T Textiles）。在该案中，原告 Bulun 和 Milpurrurru 都是著名的土著艺术家和 Ganalbingu 族的成员，Bulun 起诉 R&T 纺织品公司违反了著作权法——未经许可就将他于 1978 年创作的一幅作品印刷在其产品上。其中，Bulun 代表自己起诉纺织品公司，认为纺织品公司的行为侵犯了他个人的著作权，纺织品公司承认了该项指控。Milpurrurru 则代表 Ganalbingu 族人的利益，声称 Ganalbingu 社区是该项作品的适格著作权人，因此有资格获取法律救济。但是，纺织品公司拒绝承认 Ganalbingu

---

❶　孙彩虹. 国外民间文学艺术法律保护实践及其启示 [J]. 河南大学（社会科学版），2011 (3).

社区对该项作品享有著作权。在该案中，被侵权的作品是 Bulun 利用 Ganalbingu社区世代相传的传统技艺和知识，在获得 Ganalbingu 长老们的同意后创作的。Milpurrurru 的指控是根据土著人的习惯法提出的。土著人认为社区代表有权管理和控制包含社区宗教知识的产品和复制品，因此，虽然现代法律已将著作权赋予了艺术家，但是社区仍坚信其是作品的适格权利人，而创作该作品的艺术家则是社区的受托人。当一个人"行使权利或判断力会对真正对此事负责的主体的利益产生负面影响时"，信托关系就产生了。在本案中，艺术家是基于委托和信任而被允许创作该作品的，因此该作品只能遵循传统习俗的要求来使用和复制。联邦法院认为，尽管没有证据证明 Bulun 是受社区的委托创作该作品的，但是艺术家和 Ganalbingu 社区之间还是存在信托关系的。由于信托关系的存在，Bulun 有义务不能采用违反社区土著法的方式利用其作品，而且，当第三方对该作品构成侵权时，他应该采取合理且恰当的方式来为该作品寻求救济。最终法院认可了"未经许可复制（该作品）对整个社区构成了威胁"的说法，法院同时还认为，对社区进行救济的唯一可行的途径是，基于艺术家是受托人的身份提起诉讼，以迫使土著艺术家行使权利保护其作品的著作权和社区的利益。

该案例非常好地体现了澳大利亚对于土著社区利益的保护，但同时也暴露了现行知识产权体系在保护民间文学艺术上的缺陷。为此，澳大利亚在 2000 年著作权修正（精神权利）案中，赋予了作者一些新的权利。作者有权阻止贬损使用或处理（de-rogatory use）他们的作品（保持作品完整权）。这就相当于给著作权法增加了一个非常有用的工具，用来防止对作品的贬损使用。贬损使用包括变更作品和变更作品的使用方式，这些行为都被认为是"有害于作者的名誉或声望"的。

五、爱沙尼亚：建立民间文学艺术数据库并作合理限制使用

由于爱沙尼亚历史上曾长期遭受他国的占领和统治，这样的遭遇使其非常重视本民族传统文化的保留和传承。爱沙尼亚政府于 2000 年就开始实施爱沙尼亚南部语言和文化计划，建立爱沙尼亚南部民间文学艺术数据库（LEPP）就是该计划的主要项目之一。

LEPP 的具体承办方是爱沙尼亚文学博物馆的民间文学艺术中心。LEPP 的收集包括所有类型的民间文学艺术和历史文化（主要是口述历史），并采用现代图书馆的分类法对其进行分类。目前，LEPP 收集了 50 多个小时的视频资料、100 多个小时的音频资料和 1000 多种照片，另外还有手稿、日记等其他的文字资料。LEPP 的数据分为两部分：连续的文本数据和元数据，其中连续的文本数据并不包含在可供公共检索的数据库中，也就是说，LEPP 的公共检索部分仅列有民间文学艺术的概括性描述，而不包含这些民间文学艺术的具体内容，如果需要做进一步的深入了解，可以联系承办方——民间文学艺术中心，通过检索条目获取所需的具体内容。[1]

LEPP 是一个公开的数据库，可以供研究者以及其他非商业利用者免费使用。在数据库入口公布了使用者的权限：LEPP 允许使用者出于教学、研究的目的查看、下载和打印其内容；允许非商业目的的传播和链接；研究者可以自由地将其中内容用于学术出版物中；LEPP 的内容可以被用于

---

[1]　孙彩虹. 国外民间文学艺术法律保护实践及其启示［J］. 河南大学（社会科学版），2011（3）.

教育和促进当地文化生活，但是严格禁止 LEPP 的内容被商业化利用。遗憾的是，目前 LEPP 仅提供用爱沙尼亚语编录的公开检索的民间文学艺术的条目，这样就限制了外国学者和读者利用 LEPP 进行研究和查阅，不利于爱沙尼亚民间文学艺术的传播。

六、非洲：商业化利用的利益分享制度

在非洲，民间文学艺术的商业化利用、权利人参与商业化利用的利益分享途径以及分享的比例，已经发展成为一套比较成熟的模式，值得我国在实践中予以借鉴。

首先，立法明确规定商业化利用需取得授权。根据非洲相关法律的规定和实践惯例，当一项民间文学艺术作品要被商业化利用时，需要取得相关机构的许可。例如，Téké 族在刚果（布）共和国、刚果（金）民主共和国和加蓬都有居住，那么属于 Téké 族的民歌，就被认为是刚果（布）共和国、刚果（金）民主共和国和加蓬三国的民间文学艺术。根据相关的规定，如果一个加蓬人想商业化利用这首民歌，他就需要取得其居住地的民族文化管理机构的授权。对于同一首歌，一个塞内加尔人（非 Téké 族成员）想要对其进行商业化利用，就需要同时取得刚果（布）共和国、刚果（金）民主共和国和加蓬三个国家的授权。

其次，明确规定商业化利用中的利益分享比例。依据惯例，非洲民间文学艺术权利人参与商业化利用进行利益分享的比例是：在商业化利用不是依据合同进行的情形下（这主要是指如专家、学者的民间采风），收益中的 50% 为民间文学艺术的收集人所有，50% 由当地政府收取；在商业化利用是依据合同进行的情形下，收益中的 75% 由民间文学艺术的商业运作人获取，25% 由当地政府收取。

坦桑尼亚于 1966 年颁布了新的版权法，增加了关于文学、音乐和艺术作品、电影制作、录音和广播的版权保护内容。在 1996 年，该法案更名为《版权及邻接权法》，经修订后的法案扩充了推动文艺作品的创作、保护传统文化的内容，要求向大众传播文艺作品、民间文化及其他文化产品，并积极开展群众文化活动。突尼斯于 1967 年制定了《文学艺术版权法》，该国法案的特点是：民间文学作品的著作权享受无限期；以营利为目的使用民间文化既要征得文化行政部门的许可，也要缴纳使用费，收取的费用以基金的形式管理。

埃及则认为民间传统文化不应该属于个人，而是群体的集体财富，国家是民间传统文化的拥有者，使用者应当向国家缴纳使用费，还认为埃及传统文化的保护期应当不受限制。此外，规定保护民间文学艺术作品的版权法有《安哥拉作者权法》《多哥版权、民间与邻接权法》等。

到目前为止，已有超过 50 多个国家和地区（大多为非洲国家，如 1977 年的非洲知识产权组织的《班吉协定》的参加国等）的版权法或地区性版权条约中明文规定保护民间文学艺术作品。

第四章

民间文学艺术司法典型案例

案例一：《乌苏里船歌》著作权之争❶

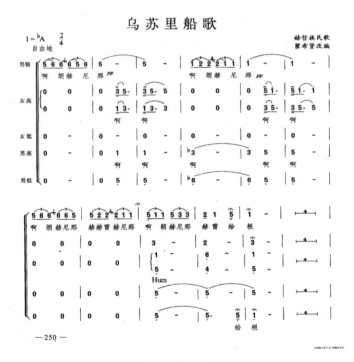

乌苏里船歌-1

❶　《乌苏里船歌》著作权之争［EB/OL］.［2016-04-26］. http://www.ce.cn/culture/gd/201604/26/
t20160426_ 10878039.shtml

乌苏里船歌-2

乌苏里船歌-3

图4-1 乌苏里船歌

乌苏里江一带，是赫哲族祖居地之一。在长期的渔猎生产和生活中，逐渐形成了一些反映赫哲人生产、生活习俗的，具有鲜明民族特征的民歌曲调。《乌苏里船歌》就是在赫哲族传统民歌曲调基础上改编的，并在广泛传播中成为赫哲族民歌的代表作。

"乌苏里江长又长，蓝蓝的江水起波浪。"这首《乌苏里船歌》被歌唱家郭颂唱了四十多年，唱遍了全中国。它唱出了一个民族的生活状态和精神气质，几乎成了赫哲族的标志。意想不到的是，四十多年后，这首歌的著作权问题，却在音乐界和法学界翻起了巨大波浪。2002 年，《乌苏里船歌》著作权纠纷案成为我国《著作权法》颁布后首例民间文艺作品主张权利的官司，暴露出我国在保护民间文艺作品方面存在的法律空白。

引发这起民歌权属纠纷的是中央电视台在 1999 年 11 月播出的一台晚会。晚会上，郭颂在演唱《乌苏里船歌》时，屏幕上打出《乌苏里船歌》的作曲者为汪云才、郭颂。主持人还在演唱之后说："刚才郭颂老师唱的《乌苏里船歌》明明是一首创作歌曲，可长期以来我们一直把它当作是赫哲族民歌。"

晚会节目播出后，在赫哲族群众中引起很大反响，许多赫哲族人一直认为《乌苏里船歌》是赫哲族民歌，"流传了多年的歌，忽然间变成了别人的作品，接受不了"。赫哲族群众代表与郭颂就此事多次协调无果后，在 2001 年 3 月，黑龙江省饶河县赫哲族四排乡人民政府以及双鸭山市赫哲族研究所将郭颂、中央电视台等告上法庭，称其侵犯了著作权，要求郭颂、中央电视台等被告在央视上说明《乌苏里船歌》为赫哲族民歌，并为原告建一所小学作为赔偿。

郭颂在法庭上宣称，《乌苏里船歌》自从 1962 年创作出来后，至今自己已经唱了 40 年。被赫哲人告上法庭，自己心里很难过。在郭颂的名片上，还赫然印有"赫哲族渔民"的字样。这是饶和县人民政府授予他的称号。对此，郭颂表示"……我本人更乐意做一名赫哲族的荣誉渔民，这比说我是著名歌唱家还光彩。"

对于原告提出的《乌苏里船歌》改编自赫哲族的民歌《想情郎》，郭颁表示这是子虚乌有，"有点像就说是侵权，这是不合适的。"他说，在《乌苏里船歌》中只有第一句"乌苏里江长又长"的曲调，采用了赫哲民歌《想情郎》的曲调，其余都是自己的创作。

然而，在乌苏里江边唱着渔歌长大的赫哲族人代表、北方交通大学赫哲族副教授何玉芳认为："《乌苏里船歌》是根据我们民族的传统民歌改编而成的，并非个人创作歌曲。我们全民族至今尊重郭颂老师，是他把赫哲人这首民歌唱遍全国和全球。每次郭老师到赫哲族聚居地，我们都以最高的礼仪欢迎，我们几个自治乡授予郭老师'荣誉渔民'的称号。告郭老师我们也难过，但尊重归尊重，郭老师应当承认这首歌是改编而不是创作"。

鉴于此案具有音乐本身的专业性和在音乐界引起的广泛关注，2002年4月18日，音乐界人士专门召开座谈会进行讨论。

座谈会上，原告方出示了新证据——在国家图书馆查找到的由中国文联主办的权威杂志——《歌曲》。中央音乐学院教授田联涛、中央民族大学音乐系教授吕绍恩、中国音乐学院教授黎英海等都认为，该杂志1959年第12期上发表的赫哲族民歌《狩猎的哥哥回来了》与《乌苏里船歌》旋律基本相同。同时，资料表明，在1980年以前的书籍中，《乌苏里船歌》都注明是"汪云才、郭颂编曲"，而1980年以后，才变成了"汪云才、郭颂曲"，去掉了"编"字。

这起著作权案的另一个争议焦点是，原告是否具有诉讼主体资格？

郭颂认为，赫哲族民歌是民间口头流传下来的民谣，乡政府和研究会是否拥有著作权问题，有待商榷。此案诉讼主体不明确。

原告则认为，黑龙江省饶河县四排赫哲族乡人民政府是依据国家有关规定建立的赫哲族民族乡，由于赫哲族是我国人口最少的少数民族之一，其聚居区的人口规模尚不足以建立自治区自治州自治县，甚至赫哲族整个人口的数量都不足以建立自治县，其民族自治的最高行政建制就是自治乡，而在饶河流域，四排赫哲族乡是赫哲族唯一的聚居地，因此，四排赫哲族乡人民政府有代表赫哲族人民保护赫哲族文化财产的权利和义务。

审理中，北京市二中院委托中国音乐著作权协会对该歌曲进行了鉴定。结论为："该歌是在《想情郎》《狩猎的哥哥回来了》原主题曲调的基础上改编完成的，应属改编或编曲，而不是作曲。"

二中院经审理认为，在东北赫哲族中流传的民间音乐曲调《想情郎》，属于赫哲族传统的一种民间文学艺术形式，应受法律保护。在符合我国宪法和民族区域自治法律制度的原则，且不违反法律禁止性规定的前提下，原告作为民族乡政府，可以以自己的名义提起诉讼。

2002 年 12 月 28 日，北京市二中院对此案作出一审判决，郭颂今后在使用歌曲作品《乌苏里船歌》时，应当注明"根据赫哲族民间曲调改编"，并在媒体上发表改编声明。不支持赫哲族要求的 40 万元的经济赔偿和 10 万元的精神赔偿。判决明确郭颂对《乌苏里船歌》享有著作权以及由此产生的经济权，而赫哲族只享有署名权。

一审判决后，郭颂和央视表示不服，于 2003 年 1 月中旬提起上诉。

2003 年 12 月 17 日，北京市高级法院作出终审判决，维持一审判决结果，驳回上诉。

北京市高级法院认为，涉案的赫哲族民间音乐曲调形式作为赫哲族民间文学艺术作品，是赫哲族成员共同创作并拥有的精神文化财富，与每一个赫哲族成员的权益有关。该民族的任何群体、任何成员都有维护本民族民间文学艺术作品不受侵害的权利。依据《乌苏里船歌》鉴定报告中，对《乌苏里船歌》主题曲调与《想情郎》和《狩猎的哥哥回来了》的曲调基本相同的结论，法院认为，虽然《乌苏里船歌》的首部和尾部均为新创作的内容，但就乐曲整体而言，如果舍去中间部分，整首乐曲也将失去根

本。据此，法院认定《乌苏里船歌》的整首乐曲为改编作品。❶

这就意味着，黑龙江饶河县四排赫哲族乡政府代表赫哲族人最终讨回了《乌苏里船歌》的署名权。今后郭颂、中央电视台以及其他机构以任何方式再使用音乐作品《乌苏里船歌》时，应当注明"根据赫哲族民歌曲调改编"。

反思：民间文艺作品权利主体的确定

我国首个民族提出"保护民歌版权"的诉讼以胜诉告终。而这场纠纷引发出的另一个话题就是：民歌以及民间文艺的著作权如何保护，受到侵害时由谁来主张权利？

在这件案子第一次开庭时，双方就针对原告的诉讼主体资格问题展开激烈辩论。目前在著作权法中虽然规定对"民间艺术作品"予以保护，但却没有规定谁来做民间文艺作品的权利人主张自己的权利。由于这种法律上的空白，使得法庭审理险些终止。

一些法律界人士认为，一个自治乡是一级政府，是行政权力机关，而研究会是学术机构，能否主张一个民族民歌的著作权问题值得探讨。而另外一位律师认为，民歌作为一个民族的集体财富，这个民族中的任何一个成员都有权主张著作权。

中央民族歌舞团创作室主任杨一丹曾表示，在人们知识产权意识日益加强的今天，这个问题浮出水面是好事。民歌虽然是集体创作，口头代代相传，但改编者不能将劳动人民集体创作的权利剥夺掉。

中国政法大学教授刘心稳曾表示，社会生活和法律并不限制对民间文艺作品的改编，但改编者只对改编作品有著作权，对原作品不能取得作品

❶ 张春山，杨冲. 浅析政府主张民间文学艺术作品相关权利的利与弊对《乌苏里船歌》一案的分析 [EB/OL]. http://www.docin.com/p-109038639.html.

权利。

曾经来北京参加过民族民间文化保护与立法国际研讨会的瑞典音乐博物馆馆长克利斯特·玛尔姆认为，靠民间文化的传播、演绎获利的，如果能确定这种民间文化源自某个具体的民族，那么这笔酬金的一部分应该属于这个民族。如"俾格米流行音乐"酬金的一部分应属于非洲的俾格米人。而坦桑尼亚的版权和邻接权法案规定，任何时候使用某一民间文化表现形式，都要提到群体和地方名称；任何人或机构使用民间文化都要付费，征收的费用将由国家艺术委员会用于保护和弘扬民族文化。

田联韬等音乐界人士认为，我国著作权法对民间文艺作品的著作权的保护只有原则性的规定，具体的、可操作性的办法没有出台。我国有 56 个民族，各民族都有自己灿烂悠久的民族文化。一些艺术工作者依靠对民间文艺的传播、演绎获得了较高的报酬以及声誉，但一些民间文艺的群体依然生活在经济很不发达的边远地区，他们集体创作的文艺作品并没有给他们带来多少经济利益。在政府加大知识产权保护力度的今天，这一现象应该得到改观，有关民间传统文化保护方面的立法工作亟待加强。

案例二：北京鬃人形象案❶

北京鬃人-1

北京鬃人-2

图 4-2　北京鬃人

❶　北京鬃人形象案［EB/OL］.［2012-12-04］. http://www.110.com/panli/panli_ 6086175.html

鬃人是北京市独有的民间特色的汉族传统手工艺品。始创于清朝末年，距今已有一百多年的历史。鬃人的头和底座采用胶泥脱胎，是用胶泥做头和底座，用秫秸秆做身架，外绷彩纸（或色绸）外衣，并絮少许棉花，然后依据人物故事勾画脸谱，描绘服饰，底座粘一圈约二三厘米长的猪鬃，便制作成一个生动的鬃人，数个鬃人组成一组戏剧人物，按京戏中的生、旦、净、末、丑，放置于铜盘中，只要轻轻敲打铜盘的边，靠猪鬃的弹力，盘中的人物便会舞动起来，再配上京剧的唱腔，就如同真人在舞台上演出，展现了汉族古典文学和戏曲艺术的魅力。

北京鬃人是北京特色的民间传统手工艺品，已经获得北京市市级非物质文化遗产认证保护，白广成是北京鬃人仅有的两位传承人之一。自 2006 年 10 月至 2007 年 5 月，原告白广成独立创作完成了民俗鬃人系列作品，包括原创作品"跑驴"（以下简称为涉案作品），该作品全国仅此一件。原告拍摄了"跑驴"的照片，并将该照片上传到原告开办的北京鬃人网（www.bjzrw.com.cn）进行展示。原告依法对其独自创作的"跑驴"作品享有著作权，且从未授权任何单位和个人使用。2009 年 9 月 29 日，原告在被告的直营店购买月饼时，发现在被告销售的北京稻香村"老北京"月饼外包装盒和每个月饼小包装上都印有涉案作品"跑驴"，每盒月饼共使用 26 处。被告未经原告许可，未支付使用费，以营利为目的，擅自将原告独自创作的涉案作品"跑驴"作为其月饼包装的一部分，并进行了颜色的修改，获利巨大，侵犯了原告的署名权、修改权、使用权和获得报酬的权利。为维护原告合法权益，诉至法院，请求判令被告：

1. 立即停止侵权行为；

2. 在《北京晚报》上公开赔礼道歉；

3. 赔偿原告经济损失 53 万元人民币；

4. 承担诉讼费用。

被告北京稻香村公司辩称:

第一,被告不认可原告系涉案作品"跑驴"的作者,也不能确认该"跑驴"作品是否对北京鬃人的传统作品"跑驴"进行了改进,形成了著作权法上的新作品。

第二,被告使用的是"跑驴"的图片,而不是鬃人作品。

第三,原告并未因为被告使用图片的行为产生实际损失。被告销售的是月饼,与鬃人作品不具有竞争关系,不会造成原告鬃人作品销售数量的减少。

第四,原告主张的赔偿数额过高,无法律依据。

第五,被告设计使用"跑驴"图片的行为是对老北京文化的宣传和保护,没有侵犯著作权的故意,也没有获得商业利益的目的,不应承担侵权责任。综上,不同意原告的诉讼请求。

经审理查明:北京鬃人是北京传统民间工艺。2007年6月,北京鬃人被北京市人民政府评为"市级非物质文化遗产"。原告白广成与其兄白大成是北京鬃人的传承人。"跑驴"是北京鬃人的传统制作项目。2007年5月,原告白广成制作完成了涉案作品"跑驴",该作品底座刻有"北京鬃人白"的字样。涉案作品曾多次在公开场合展出。

2009年9月,原告购得被告北京稻香村公司生产的"老北京"广式月饼一盒,单价146元。月饼的包装盒和手提袋上使用了涉案作品"跑驴",具体使用情况为:

1. 手提袋一面的左上部使用1次,该面还有"老北京皮影""老北京冬虫儿""老北京京剧"3幅图画。

2. 月饼大包装盒盒顶左侧中部使用1次,该面还有"老北京皮影""老北京冬虫儿""老北京京剧""老北京兔儿爷""老北京沙燕风筝""老北京四合院"6幅图画。

3. 大包装盒内装有6例独立小包装盒,每个小包装盒在盒面上使用4

次，小包装盒上也有上述 6 幅图画。经比对，月饼包装盒上使用的"跑驴"作品与原告创作的"跑驴"作品具有一致性。

法院认为：北京鬃人是源于清末、流传于北京地区的特色民间工艺艺术，已被评为北京市非物质文化遗产。北京鬃人艺术作为代代相传的手工技艺，本身具有非物质的特性。原告白广成是北京鬃人艺术的传承人，在吸纳传统工艺和艺术风格的基础上制作完成的"跑驴"作品，是以有形载体形式表现的民间艺术作品。民间艺术作品可以成为知识产权保护的对象。目前，我国著作权法中规定民间文学艺术作品的著作权保护办法由国务院另行规定，但相关保护办法至今并未出台。在此种情况下，如民间艺术作品符合著作权法上作品的条件，可适用著作权法进行保护。❶

反思：民间文学艺术的著作权认定

法院认为，原告持有"跑驴"作品原件，且其兄白大成出庭证明该作品系原告所做，在无相反证据的情况下，可认定原告为该作品的作者。虽"跑驴"属于北京鬃人的传统制作项目，但并无证据证明原告创作的"跑驴"作品与之前的鬃人作品相同，故确认涉案作品"跑驴"具有独创性，是著作权法所保护的作品。被告在其生产月饼的包装盒上使用了涉案作品"跑驴"，且包装盒上的"跑驴"作品与原告创作的涉案作品"跑驴"具有一致性，不构成对修改权的侵犯，但确系自立体三维作品到平面二维作品的使用，属于复制行为之一。关于被告辩称月饼包装上使用的是"跑驴"图片，但未举证证明月饼包装上使用图片的合法来源，故对被告的该项辩称意见，法院不予采信。综上，被告未经许可使用原告创作的"跑驴"作品，未署姓名，亦未支付报酬，应承担停止侵害、赔礼道歉、赔偿

---

❶　亓蕾. 浅论民间文学艺术作品的著作权保护——白广成诉北京稻香村食品有限责任公司著作权侵权案分析 [J]. 中国知识产权，总第 53 期.

损失的责任。

关于赔偿数额问题，原告诉讼请求依据的赔偿标准过高，双方亦不能证明被告的获利情况，法院酌情确定赔偿数额时，考虑以下因素：

1. 涉案"跑驴"作品的性质。涉案"跑驴"作品是民间艺术作品，其所代表的北京鬃人民间工艺作为非物质文化遗产应予保护，但非物质文化遗产的保护强调的是保存、弘扬和发展。因此，涉案"跑驴"作品在适用著作权法保护的同时，必须考虑到鼓励创作和弘扬传统文化之间的平衡。

2. 涉案"跑驴"作品的使用方式。被告在月饼包装上多次使用涉案作品，虽所占比例不大，但与包装风格较为匹配，客观上起到了美化月饼盒外观的作用。

3. 涉案"跑驴"作品及作者的知名度。

4. 被告使用涉案"跑驴"作品的主观过错程度。被告在制作月饼盒包装时，未能对包装盒上使用作品的著作权权属情况尽到合理的注意义务。

该案例中，民间艺术作品作为非物质文化遗产的自身特性——保护与弘扬之间有了一定的矛盾性。如何把握其中"度"的问题，成为民间文学艺术法律保护中要重点"拿捏"的点。

案例三：剪纸案

剪纸-1

剪纸-2

图 4-3　剪纸

剪纸，别名窗花，被誉为黄土魂，在陕北尤为盛行。它古朴传神，洋溢着浓浓的地方特色，是陕北民间艺人通过社会群体世代相传而形成的一项特殊的黄土文化历史的艺术，符合民间艺术的特点，属于民间文学艺术的范畴。

　　近年来，随着权利人维权意识以及我国保护著作权程度的增强，涉及剪纸的著作权案件不断出现在公众的视野之中。2000 年，郭宪诉国家邮政局侵犯剪纸作品著作权案❶；2001 年，白秀峨诉国家邮政局和邮票印制局侵犯剪纸作品著作权案；2002 年，侵犯中国剪纸京剧脸谱、中国剪纸十二生肖剪纸著作权案；2005 年发生在陕西榆林地区的民间剪纸作品使用侵权案；2006 年的民间艺术滨州剪纸著作权侵权案以及 2008 年"吉祥兰州"剪纸作品侵权案等。

　　郭宪诉称：2000 年年初，其发现国家邮政局未经其许可，抄袭、盗用原告于 1997 年 3 月出版的著作《中国民俗吉祥剪纸》一书中的五幅剪纸作品，用在国家邮政局独家专营的 2000 年《中国邮政贺年（有奖）明信片》装帧及奖品——钥匙链上。国家邮政局在使用该五幅作品时，又任意篡改作品的名称、图形和寓意，破坏了作品的完整性。这五幅作品分别为："喜从天降""四季窗花——冬祥""梅开五福　喜上眉梢""鱼戏莲""五福捧寿"。被告方以营利为目的，抄袭、盗用原告上述作品，并歪曲篡改作品名称、图形、寓意，其行为侵犯了原告的署名权、修改权、保护作品完整权、使用权和获得报酬权。国家邮政局辩称：1. 该五幅作品在《中国民俗吉祥剪纸》一书中作为图例出现，没有署名，不能认定五幅作品是被答辩人的作品。在该书后记中，郭宪写道："本书二至九章中的百余幅剪纸作品，多为本人近年来的教学示范积累……"其中"多"未明确指明是郭宪的创作作品的积累还是其所搜集的民间作品的积累，故不能证明该书中未署名的剪纸作品均为郭宪个人的作品；2. 该五幅剪纸作品具有民间性，属民间作品范畴，其保护不适用《著作权法》。《著作权法》第六条规

---

❶　郭宪诉国家邮政局侵犯著作权案［EB/OL］．［2002-06-13］．http://www.chinacourt.org/article/detail/2002/06/id/6236.shtml.

定：民间文学艺术作品的著作权保护办法由国务院另行规定。该条排除了民间作品的适用。剪纸艺术是伴随民俗活动而产生和发展的，剪纸作品世代相沿，在延续继承中不断丰富和创新。每一幅剪纸作品都在前人作品的基础上增删修改而成，久而久之，形成了地方风格，无法界定原作者。由于民间剪纸作品在题材、设计、手法等方面有相对固定的模式和套路，难以界定某一特定作品的"独创性"，而且每一幅民间剪纸作品都是难以计数的民间艺人的创作积累，故剪纸作为民间艺术作品，其保护不适用《著作权法》。具体到本案涉及的五幅剪纸作品，都取自民间传统剪纸题材，都采用了传统的剪纸手法和设计方法，不具有《著作权法》要求的独创性，符合民间作品的特点，应属民间作品范畴；3. 国家邮政局在明信片上使用该五幅作品是以弘扬民族文化为目的，并无盈利事实，不构成侵权。国家邮政局担负着国家邮政通信的法定义务，经国务院批准，自1991年年底开始发行有奖明信片，其目的是为公民提供通信便利，引导群众开展健康的"书信文化"，增加节日喜庆祥和气氛。在发行过程中，在明信片上印制民间艺术作品可以起到弘扬我国民间传统艺术文化的作用。明信片作为一种通信工具，其使用价值在于提供通信便利，不论在明信片上是否印制图案也不论印制何种图案，都不影响其使用价值，况且答辩人印制发行2000年邮政贺年有奖明信片，并无盈利事实。

　　法院在审理该案时，经过法庭调查、法庭辩论、质证等庭审程序，认定涉案的剪纸作品系原告创作的作品，不是民间艺术作品，原告依法享有著作权。被告国家邮政局未经原告许可而将原告的剪纸作品使用在其发行的邮政贺年有奖明信片和五等奖钥匙链上，构成了侵权。但被告在使用中并没有修改原告的作品。所以，人民法院对于原告提出的被告侵犯其修改权和保护作品完整权的主张没有支持。关于损害赔偿额，法院认为，原告提出的侵权赔偿额过高，且没有法律依据，法院不予支持，而是结合案情对于赔偿额做出了判定。

2004年9月10日，曹红霞、李繁在陕西省榆林市天惠集团购物商场发现自己的剪纸作品被用于宣传《榆林陕北民歌》珍藏版和陕西人民广播电台的音乐广播FM98.8。该套《榆林陕北民歌》是由陕西音像出版社出版、陕西人民广播电台策划制作的，其中珍藏版的包装盒、手提袋、歌本内、封面、插页上均使用了原告的剪纸作品。原告认为，被告的行为已侵犯了其著作权，故诉至法院。在审理中，经调解，双方当事人达成协议：被告立即停止侵权行为；陕西音像出版社、陕西人民广播电台向曹宏霞、李繁赔礼道歉；陕西人民广播电台赔偿曹宏霞、李繁损失2万元。

争讼之剪纸图案是否属于民间文学艺术作品，需要区分三个不同的概念：即剪纸技法、传统剪纸与利用已有剪纸形式再创作。根据本案查明的事实，本案所涉的剪纸图案，是由李繁先行绘制草图，再由曹宏霞剪制而成，在创作过程中，曹宏霞、李繁运用了我国民间传统剪纸技艺，将其对生活、艺术及民间美学的理解，通过创作的剪纸图案表达出来，表现了农民的生活、情趣、爱情、理想，反映了某一时代典型的生活场面，特别是原告根据流传多年的陕北民歌内容，经过独立构思后创作剪出了具有与陕北民歌相同意境的剪纸图案，诉说着信天游的故事。作品虽然使用了陕北民间传统艺术中"剪纸"的表现形式，但其并非对既有同类题材作品的简单照搬或模仿，体现了作者的审美情趣，表现了独特意象空间，凝聚了作者的智力劳动，它既是对民间文学艺术的继承和发展，又是借鉴民间文学艺术表现形式创作出来的新的作品，具有独创性，符合作品的特征，应受著作权法保护。

我国著作权法意义上的作品是指在文学、艺术和科学领域内，具有独创性并能以某种有形形式复制的智力创造成果。著作权法规定：民间文学艺术作品的著作权保护办法由国务院另行规定。由此规定说明，对民间文学艺术作品的保护已纳入著作权法的保护范围内，它属于作品的一种，因此必须符合作品的构成要件，即民间文学艺术作品是由特定人创作的，以某种方式反映民间文学艺术特征，具有独创性、可复制性的有形载体。这种作品的创作，直接借助于民间文艺的素材或创作方法、创作风格等形成的创作成果，具有明确的作者和创作时间。

以上说明，民间文学艺术与民间文学艺术作品均属于民间文学，二者的主要区别在于前者作者身份不明，后者具有个人独创性；前者处于世代流传、不断变化的没有固定的表达，后者具有特定的思想并以一定形式表示出来；前者保护的期限是永久的，后者则有一定的保护期限。❶

已故剪纸名家王子淦子女认为在上海家喻户晓的振鼎鸡广告中的"雄鸡"的形象抄袭了父亲的剪纸作品《一唱雄鸡天下白》，遂将之告上法院❷。上海市一中院对此案作出一审判决，被告上海振鼎鸡实业发展有限公司停止使用侵权的雄鸡图案，并赔偿王子淦后人 8 万元。

振鼎鸡公司是一间经营白斩鸡、鸡汤面、鸡粥等食品的知名餐饮店，连锁店遍布上海。其户外广告、店堂招牌上有一只引吭高歌的红色公鸡形象。

据了解，十三岁开始学剪花的王子淦是中国工艺美术特级大师，曾被朱镕基总理誉为"神剪"。其作品在继承南方剪纸清新、秀丽风格的基础上，汲取了北方剪纸粗犷、质朴的特点。1979 年春天，为参加全国工艺美术艺人、创作设计人员代表大会，王子淦专门创作了剪纸作品《一唱雄鸡天下白》，其中塑造的雄鸡精神抖擞、充满活力且极具线条美。这幅广受好评的作品此后成为王子淦的代表作，且广为流传。原告王建人、王建民、王建中、王建华即王子淦的子女。

---

❶ 吕睿. 作品与民间文学艺术作品之辩［J］. 新疆社科论坛，2012（1）：78-81.

❷ "一唱雄鸡天下白"剪纸后人状告其侵权［EB/OL］.［2011-08-31］. http://news.hexun. com/2011-08-31/132955579.html.

2010 年初，王建中等人发现上海振鼎鸡实业发展有限公司将剪纸作为商标予以注册，并在其户外广告、店堂招牌上广泛使用。原告认为，《一唱雄鸡天下白》著作权属于王子淦所有，并在王子淦去世后由其法定继承人继承相关权利，振鼎鸡公司的行为已构成侵权，请求法院判令被告停止侵权，赔偿经济损失等 50 万余元。

被告方则表示，振鼎鸡商标、户外广告、店堂招牌上使用的雄鸡图像是公司自行创作，与剪纸《一唱雄鸡天下白》中的雄鸡形象差别较明显。此外，振鼎鸡公司对外起到识别作用的，主要依靠"振鼎鸡"三个字，所以对原告的经济赔偿不予认可。

上海一中院经审理后认为，振鼎鸡公司使用的图案与涉案作品相比，极为接近。振鼎鸡公司虽将被控图案注册为商标，但该商标未在核定使用范围内使用，而是使用在其门店橱窗及店堂招牌上，且商标的注册时间远晚于涉案剪纸作品的创作完成时间；同时，振鼎鸡公司亦未能提供证据证明或合理说明其使用的被控图案系其独立设计完成。据此，振鼎鸡公司的侵权行为成立，应依法承担停止侵权、赔偿经济损失的责任。

反思：剪纸民间文学艺术的保护

中国政法大学知识产权法研究所所长来小鹏表示，我国《著作权法实施条例》第二条规定，作品指文学、艺术和科学领域内，具有独创性并能以某种有形形式复制的智力创作成果。因此，著作权法意义上的作品必须具有独创性和可复制性。剪纸作品是著作权所保护的美术作品，受著作权法保护。振鼎鸡案中的《一唱雄鸡天下白》属于著作权意义上的具有独创性的作品。这里所说的独创性并不要求作品具有相当的创作高度或是前所未有的形象，而应是由作者独立创作完成的。

从我国著作权法的角度来说，判断剪纸作品的著作权侵权的原则应为"接触+实质性相似"。而接触的判定较为宽泛，一般发表即可构成接触。具体要判断两种表达方式是否构成实质相似，是一个很复杂的问题，不同的作品有不同的判断方法。总体来说，抄袭或剽窃毫无疑问是实质相似，除了完全相同外，部分的相似或者是经过加工，这也要根据具体情况判断，总的来说，是抽取公共领域的东西进行判断，然后，将它富有个性的表达加以分析比较，如果基本相同或相似，就可能涉嫌侵权。

案例四：安顺地戏❶

安顺地戏-1

安顺地戏-2

图 4-4　安顺地戏

---

❶　安顺地戏〔EB/OL〕.〔2011-09-14〕. http://www.chinanews.com/yl/2011/09-14/3326452.
shtml.

地戏，俗称"跳神"，因演出不用戏台和苗台，就在村野旷地进行，故名地戏，为傩戏的一种，形成于明代初叶，是贵州省安顺市屯堡人独有的一种头戴木刻假面的传统民间戏剧。安顺地戏演出以村寨为演出单位，演员为地道的农民。一般一个村寨一堂戏，演员二三十人，由"神头"负责。安顺地戏只演"正史"，不演庞杂剧目；只有武戏，没有文戏。

2005 年，由张艺谋执导、张伟平制片、日本著名演员高仓健主演、北京新画面影业有限公发行的影片《千里走单骑》曾名噪一时。作为故事主线的"云南面具戏"，其实是被列入我国第一批国家级非物质文化遗产保护名录的"安顺地戏"，它曾被海内外专家誉为"中国戏剧的活化石"。

2010 年 1 月 21 日，为了给"安顺地戏"正名，贵州省安顺市文体局以非物质文化遗产保护部门的名义，向北京市西城区人民法院（以下简称"北京西城法院"）提起了诉讼，将影片《千里走单骑》的导演兼编剧张艺谋、制片人张伟平、出品方北京新画面影业有限公司（以下简称"三被告"）告上法庭，争取"安顺地戏"的署名权。立案后，这起案件备受各方关注，更被业界人士称为"中国文艺类非物质文化遗产维权第一案"。

原告在诉状中称，"安顺地戏"是有着 600 年历史的并为安顺地区所独有的民间戏剧，贵州省政府和国务院均将其列为非物质文化遗产。影片中包括演员、面具、剧目、音乐、声腔、唱词、方言以及队形动作等全部属于安顺地戏，但影片中却将其误称为"云南面具戏"。此外，三被告没有在任何场合为影片中"面具戏"的真实身份正名，这导致了观众误认为影片中的面具戏的起源地、传承地就在云南。因此，三被告的行为严重侵犯了"安顺地戏"的署名权。最终，原告要求北京西城法院判令三被告在《法制日报》《中国日报（英文）》的中缝以外版面刊登声明以消除影响，并要求三被告以后无论以任何方式再使用该影片时，均要注明"影片中的云南面具戏实际上是安顺地戏"。

三被告则认为，影片《千里走单骑》是一部虚构的故事片，而不是一个专门介绍戏剧的专题片或纪录片，二者在衡量其是否符合现实真实性的判定标准上有着本质不同。并且本部影片中所表现的故事发生地在云南丽江，但并不说明此故事就真实地发生在丽江。原告不能要求作为艺术创作者的被告承担将艺术虚构与真实存在相互对接的义务。❶ 此外，影片《千里走单骑》拍摄于 2004 年 11 月，上映于 2005 年 12 月，而"安顺地戏"列为国家级非物质文化遗产是在 2006 年 5 月，因而安顺文体局无权作为原告主张署名权。

2011 年 5 月 24 日，北京西城法院对此案作出一审判决，法院认为，被告影片虽将"安顺地戏"改称为"云南面具戏"，但这种演绎拍摄手法符合电影创作的规律，区别于不得虚构的新闻纪录片，而且三被告主观上并无侵害非物质文化遗产的故意和过失，从整体情况看，也未对安顺地戏产生法律所禁止的歪曲、贬损或者误导混淆的负面效果。因此，北京西城法院驳回了原告的诉讼请求，同时也提醒三被告，今后更应当增强对《著作权法》和新颁布的《非物质文化遗产法》的学习，谨慎从业，尽可能预防和避免此类民事纠纷的再次发生。

一审宣判后，一审原告作为上诉人向北京市第一中级人民法院（以下简称"北京一中院"）提起上诉，认为影片《千里走单骑》使用了"安顺地戏"却不标注名称，说明被上诉人（即一审"三被告"）主观上存在过错。上诉人还提交了日本摄影艺术家拍摄的专题片，证明受影片影响，该摄影家前往丽江寻找面具戏未果后又辗转找到了安顺，这足以说明该影片已经造成了误导观众的实际后果。

2011 年 9 月 14 日，北京一中院作出终审判决："安顺地戏"属于民间

❶ 李雨峰，刘媛. 涉《千里走单骑》影片中安顺地戏案的法律探讨［EB/OL］. http://www.3y.uu456.com.

地戏作品，但国务院至今未对民间地戏作品作出相应的规定，因此，对于民间地戏作品的诉讼只能适用于《著作权法》。由于"安顺地戏"是剧种，既不是作者，也不构成作品，所以不享有署名权，最终，北京一中院驳回了上诉人的上诉，维持一审判决。

反思：民间文学的署名权

本案争议的焦点是影片《千里走单骑》中对于"安顺地戏"的传统剧目《千里走单骑》和《战潼关》的使用是否侵犯了其署名权。

我国《著作权法》第六条规定："民间文学艺术作品的著作权保护办法由国务院另行规定。"立法原意在于保护民间文学艺术的表现形式。2006 年，文化部出台了《国家级非物质文化遗产保护与管理暂行办法》，该暂行办法基本上是从行政管理的角度对非物质文化遗产保护工作作出的规定，但仍未对作为非物质文化遗产的民间文学艺术的权利主体、权利内涵、外延以及保护的具体方式等作出规定。❶ 此外，由于 2011 年 6 月 1 日生效的《非物质文化遗产法》属于行政法范畴，所以并不自然生成民事权利。

涉案影片《千里走单骑》是一部关注人性、亲情的故事影片，"父子情"是贯穿全剧的中心思想。就整部影片来说，联系那对父子的"云南面具戏"仅仅是故事的一个引子，而并非该影片的重心。三被告将真实存在的"安顺地戏"作为一种文艺创作素材用在影片《千里走单骑》的作品中，并在使用过程中就戏剧表演的配器及舞台形式作了一定的改动，使之更加符合电影的艺术表现形式。此外，出于烘托剧情的需要，三被告将安顺地戏艺术地虚构为并不存在的"云南面具戏"，此种演绎手法，并不适用于"不得虚构"的新闻纪录片的拍摄技巧。

---

❶　张玉敏. 知识产权法［M］. 北京：法律出版社，2011.

案例五：盘古是哪儿人❶

从炎黄、姜尚、老子故里，到曹操、诸葛亮、华佗故里，再到四地争抢曹雪芹故里；甚至还有五省七地争二乔，两国四地抢李白，争夺愈演愈烈。中国古代名人确实是一笔文化遗产，地方上对此的关注往往是经济上的考虑多一些，借助名人举行庆祝或纪念活动，来获得当地知名度的提高，早已失去其应有的意义。

作为东方的创世说，盘古开天辟地的故事千百年来在民间广为流传。

这个民间口语传承的神话，引起了两县 3 位学者的纷争，并挑起了全国首例神话传说著作权纠纷案。

桐柏县与泌阳县相邻，也是盘古文化的传播地之一。2005 年 5 月 30 日，中国民间文艺家协会正式命名桐柏县为"中国盘古之乡"，并于当年 10 月授牌。这让泌阳方面脸上有点挂不住。

在这种背景下，泌阳也启动了盘古文化遗产的收集、整理工作。桐柏县挂牌"中国盘古之乡"两个月后，泌阳县通过中国民间文艺家协会，取得了"中国盘古圣地"之名。2006 年农历三月三，盘古山所在的陈庄乡更名为盘古乡。

当年下半年，为配合"盘古圣地"的宣传，泌阳县文化局原副局长张正、泌阳县史志办副主任王瑜廷编辑出版了《盘古神话》，记述了泌阳的盘古山名胜古迹、盘古庙会、地方风俗及盘古故事。

2006 年 8 月，国际神话学学术研讨会在泌阳县举行。会上，泌阳方面

---

❶ 盘古是哪儿人 ［EB/OL］．［2011-04-05］．http://www.chinanews.com/cul/2011/04-05/2952215.shtml.

给每位参会人员发了 4 本书，介绍该县的民间盘古文化，其中包括《盘古神话》一书。

翻看《盘古神话》一书后，与会人员、桐柏县文联马卉欣发现这本书和自己编的《盘古之神》内容高度一致，甚至连语句、段落、结构等完全一样。

1993 年 8 月，马卉欣曾出版《盘古之神》一书，较为系统地记录了中原盘古神话及神话群、盘古神话的源流等。该书在每篇文章后，均注明了讲述人、时间、地点和搜集整理人。让马卉欣不解的是，《盘古之神》里的故事流传地都在桐柏县，在《盘古神话》里流传地则变成了泌阳，故事记录人的名字也由马卉欣变成了他人。

于是，马卉欣以著作权被侵犯为由，将《盘古神话》的作者张正、王瑜廷及出版单位中州古籍出版社、印刷单位南阳寰宇印务有限责任公司起诉至南阳市中级人民法院，要求四被告停止侵权、消除影响、赔偿经济损失 35 万元。

后来，南阳市中级人民法院作出一审判决，判决书称，对于民间文学艺术作品发掘、整理和研究的成果，一经发表，就可视为一般文学作品，按一般文学作品保护其著作权。马卉欣长期从事盘古神话的考察和研究，在民间盘古神话传说的基础上，整理出版了《盘古之神》，该书蕴含了其创造性的劳动，体现了其独特语言风格，可按一般文学艺术作品保护其著作权。

张正、王瑜廷编著的《盘古神话》部分内容属其挖掘、整理的，但也有部分内容直接抄用了《盘古之神》，明显存在剽窃故意，构成了侵权。

法院判决张正、王瑜廷等四被告停止出版、印刷、销售《盘古神话》，并在省级报纸上公开向马卉欣赔礼道歉。张正、王瑜廷赔偿马卉欣经济损失 5 万元，中州古籍出版社、南阳寰宇印务有限责任公司承担连带赔偿责任。

反思：民间故事的主体具有唯一性吗？

著作权法保护的作品，应具有独创性，即融入了作者的创造性劳动，体现了作者独特的艺术风格。盘古神话是在泌阳地区流传久远的民间故事，经过千百年口口相传传承下来，不存在版权之说，任何人都可以进行整理、再创作，即使内容完全一样，也不是剽窃。

正是基于此，《著作权法》未对民间文学作品保护作出规定，只提到由国务院另行制定保护办法，但该办法一直没出台。

这场官司背后，是桐柏、泌阳两地盘古发源地正统之争。

案件庭审中，马卉欣称盘古神话起源于桐柏县。张正则称，桐柏没有盘古山，盘古山在泌阳，显然盘古神话起源于泌阳。马卉欣扭曲事实，应向泌阳人民公开道歉。

中国民间文艺家协会副主席、河南省民间文艺家协会主席夏挽群认为，盘古山地处泌阳县境内，但不能简单地按行政区划来切割传统文化，这样是不科学的。桐柏县、泌阳县都属于同一个盘古文化圈，盘古文化在这两个县都有传播，两地都有一定的民俗基础。基于此，中国民间文艺家协会曾有意把"中国盘古之乡"的牌子给桐柏、泌阳两县共享，后来这两个县都觉得这样不便区分，也不便落实盘古文化保护责任，便按行政区划分别命名，把"中国盘古圣地"给了泌阳。两者只是叫法不同，内涵是一样的。

夏挽群表示，神话故事与历史学不同，历史学强调发生时间、地点的唯一性，而作为民俗学的神话故事，是通过口口相传，通过移民、人际交流传播至各地，然后在某一地域落地生根，村民将传说与当地地形、地貌、人物结合起来，实现神话故事的本土化。比如，梁山伯与祝英台、牛郎织女等故事，全国很多地方都自称是这些故事的发源地，不能简单地说发源地是哪一个地方，只要当地有传说、有故事、有遗迹、有信仰，就应给予承认，而不能像历史学那样强调唯一性。

案例六：刀郎是什么郎

刀郎-1

刀郎-2

图4-5　刀郎

刀郎麦西热甫有着悠久的历史，据说它源于西域土著民族文化，又深受伊斯兰文化的影响。在维吾尔族祖先从事渔猎、畜牧时期就产生了在旷野、山间、草地、场院即兴抒发豪情壮志的歌舞。在长期的社会历史发展进程中，刀郎维吾尔人将各种生活素材不断充实到刀郎麦西热甫之中，形成了独特的刀郎文化。

前几年，随着歌手"刀郎"罗林的一夜成名，在社会掀起了一起又一起借用"刀郎"之名来进行包装而引发的风波。先是"刀郎"罗林与"西域刀郎"潘晓锋的艺名之争引起了媒体的广泛关注，之后不久又传出了将"刀郎"注册为酒类商标并以1300万元的底价竞拍的事件，随着拍卖事件的扩大，商家纷纷将目光投向"刀郎"，于是涌现出"刀郎"商标抢注事件。

在这些事件中，"刀郎"给无数商家带来了巨大的商业利润，无论是有形的资产还是无形的知名度，总而言之，那些投机商从中获利丰厚。

然而，在"刀郎"事件的背后，我们还应该看到的是民族民间文学艺术急需知识产权保护的现状。

殊不知，"刀郎"一词有三种含义：即新疆麦盖提县央塔克乡一带的地理区域、维吾尔族群体和民俗文化。

这一地区早在公元十五世纪就有"刀郎人"在此游牧、狩猎、捕鱼，繁衍生息，在长期的生产活动中形成了这种独特的西域文化，产生了刀郎舞、刀郎民间绘画，形成了经久不衰的刀郎麦西热甫，刀郎麦西热甫以表现刀郎地区维吾尔族人民野外狩猎、喜庆丰收、欢乐生活等情景为主题，包含有刀郎木卡姆演唱、群众自娱舞蹈、餐饮、文学艺术表演及各种游戏等。它不受环境条件、时间、参与人数的限制，但程序严格，种类繁多，内容丰富多彩，根据其性质和功能，大致可分为节庆礼仪和人生礼仪、农牧业生产、社交活动、其他民俗活动等。❶ 2006 年 5 月 20 日，该民俗经国务院批准列入第一批国家级非物质文化遗产名录。

因此，"刀郎文化"并不是由罗林的一张歌曲专辑催生出来的，更不是因其与潘晓锋的艺名之争而引发的，它是由新疆维吾尔族人民在长期的生产活动中创造出来并世代相传的民族民间文学艺术。没有"刀郎文化"，罗林的歌曲未必如此走红，"刀郎"商标的含金量也肯定不会这么高，所以说，"刀郎"的出名在一定程度上与消费者喜爱这两个字所蕴含的具有怀旧意味的西域风情这一因素有关。

那么不管商家是有意还是无意，他们将"刀郎"商业化利用这一行为都在事实上侵害了"刀郎人"的合法权益。

反思："刀郎"之争折射出民族民间文学艺术商品化权

我国作为一个拥有 56 个民族的文明古国，在长期的历史发展中，形成了很多独特的民族民间文学艺术。这些民族民间文学艺术具有较强的地域色彩和民族风情，历史悠久，多为偏远地区处于农耕文化状态中的人们享有，在现代文化中生活的人们对它们并不熟悉，一旦被开发，这些民族民间文学艺术将对社会具有极大的吸引力。尤其是近年来，原生态民族文化风盛行，无论是服饰还是家居，都呈现出一股强烈的复古风潮。因此，众多商家纷纷将目光投向了民族民间文学艺术。法律必须顺应这种潮流，使民族民间文学艺术在商业开发中体现其价值，使权利人获得合理的回报，从而反哺民族民间文学艺术事业，使其得到繁荣与发展。

由于民族民间文学艺术的表现形式丰富多彩，在各行各业都出现了将民族民间文学艺术商品化的现象，如果任由民族民间文学艺术被人滥用于商业，势必会降低民族民间文学艺术的价值，并且极大地侵害民族民间文

---

❶ 管育鹰. "刀郎"现象折射出的民间文艺保护问题 [J]. 中华商标，2005（11）.

学艺术真正权利人的合法权益。而且随着整个社会商品化现象日益突出，产生了很多新型的法律纠纷。这些法律纠纷不能运用传统法律规范予以解决，因为传统的权利类型难以准确描述在这种商品化现象的背后所蕴含的新型权利。正如郑成思先生所说："在一般民法的人身权与版权之间，以及在商标权、商号权、商誉权与版权之间，存在着一个边缘领域。正像把工业版权的问题无论放到工业产权还是版权领域解决，也都难得出令人满意的答案。"这种权利就是随着商品化行为而产生的商品化权，它的产生暴露了现有权利体系的漏洞，因此需要商品化权来对民族民间文学艺术商品化行为予以规制。弥补现有法律保护缺陷的需要目前我国尚未出台专门调整民族民间文学艺术的法律，对于现实生活中遇到的民族民间文学艺术问题，多依据其内容和被侵权形式而选择适用《著作权法》《商标法》《专利法》和《反不正当竞争法》来调整，但是这些传统法律在面对日益丰富的商品化行为时，其存在的缺陷也就逐渐显现出来。

案例七：葫芦娃是谁的娃❶

图 4-6　葫芦娃

　　1984 年上海美影厂文学组的杨玉良根据民间故事《七兄弟》，创作了《七兄弟》文学剧本大纲。1985 年年底上海美影厂成立《七兄弟》影片摄制组，指派胡进庆、周克勤、葛桂云担任导演，胡进庆、吴云初担任造型设计。两原告绘制了"葫芦娃"角色造型稿，葫芦七兄弟的造型一致，其共同特征是：四方的脸型、粗短的眉毛、明亮的大眼、敦实的身体、头顶葫芦冠、颈戴葫芦叶项圈、身穿坎肩短裤、腰围葫芦叶围裙，葫芦七兄弟的服饰颜色分别为赤、橙、黄、绿、青、蓝、紫。原告胡进庆先后绘制《葫芦兄弟》十三集分镜头台本。为加快影片拍摄进度，1986 年 1 月至 12

---

❶　葫芦娃是谁的娃？［EB/OL］.［2010-03-04］. http://ip.people.com.cn/GB/11070944.html.

月，上海美影厂成立单、双集摄制组。经比对，分镜头台本中的"葫芦娃"角色造型与影片中的"葫芦娃"外形基本一致，前者为黑白、笔法粗略、前后呈现细节上的诸多不一致。后者为彩色、画工精致、前后一致，配合情节、对话、配音、场景，呈现出正义善良、机智勇敢、团结协作等人物性格特征。1988 年胡进庆先后绘制《葫芦小金刚》六集分镜头台本，"金刚葫芦娃"的造型与"葫芦娃"基本一致，仅改为身穿白衣、颈部佩戴金光闪闪的葫芦挂件，以示"金刚葫芦娃"由葫芦七兄弟合体而成。

后来，胡进庆、吴云初作为原告起诉上海美影厂称：

1. 早在《葫芦兄弟》摄制组成立之前的 1984 年，原告胡进庆即开始创作"葫芦娃"造型的美术作品并酝酿美影厂的第一部系列剪纸动画片。与现代动画电影不同，当时的剪纸动画片需要导演用墨笔画出融剧情、文字、角色造型、拍摄方式于一体的分镜头台本。1984 年 3 月和 1984 年 5 月，原告胡进庆分别绘制《葫芦兄弟》第三集和第一、二集的分镜头台本，并勾勒出包含"葫芦娃"发型、脸型、体型、服装、颈饰等特征的基本美术造型，确立用七色区分七兄弟的原则。原告吴云初强化其葫芦冠饰，将胡进庆创作的"葫芦娃"暗含葫芦形的菱形头饰、右边一片叶子改为头戴葫芦冠，左右各点缀一片叶子，并勾画出"葫芦娃"美术造型的正面完善稿、侧面稿和彩色稿，该美术造型经全厂征集评选于 1985 年年底被被告全部采用，并运用于影片之中，故两原告成为"葫芦娃"角色造型形象的原创作者。1986 年 3 月至 10 月，原告胡进庆分别绘制《葫芦兄弟》第四集至第十三集分镜头台本，交由两个摄制组分别拍摄。

2. 1988 年 1 月至 6 月原告胡进庆绘制《葫芦兄弟》续集《葫芦小金刚》六集分镜头台本。"金刚葫芦娃"的造型与"葫芦娃"基本一致，仅改为身穿白衣、颈部佩戴金光闪闪的葫芦挂件。在上述两部影片的每集片尾均标明"造型设计：胡进庆、吴云初"，即表明被告承认两原告系"葫芦娃"角色造型的创作人员。

3. 两原告从未利用被告的物质技术条件创作涉案影片的分镜头台本，原、被告双方就角色造型美术作品的著作权也无任何约定。被告所谓的组织影片主创人员深入生活与"葫芦娃"角色造型美术作品的创作无关。涉案影片的酬金和获奖奖励分配已收到，但其性质是劳务费，与涉案美术作品的著作权无关。虽然"葫芦娃"角色造型美术作品的最终定稿系被告决定，但其创作却是两原告主动而为，应属于职务作品，而非法人作品。

4. 虽然"葫芦娃"角色造型美术作品诞生于著作权法施行之日前，但由于本案涉及的作品仍在保护期内，故著作权法可回溯适用本案争议。在美术电影中，人物角色表演的载体是由人创作的美术作品所虚拟的形象造型，其角色造型美术作品先于电影而存在，根据著作权法的规定，可以独立于影片而由作者即两原告享有著作权，而且映射在影片中的"葫芦娃"形象的著作权也应归两原告所有，故请求法院确认《葫芦兄弟》及其续集《葫芦小金刚》系列剪纸动画电影中"葫芦娃"（即葫芦兄弟和金刚葫芦娃）角色形象造型原创美术作品的著作权归原告胡进庆、吴云初所有。

上海市黄浦区人民法院一审认为：无论是文言文形式的民间故事《七兄弟》，还是民间流传的十兄弟故事，直至涉案影片的《七兄弟》文学剧本大纲，均系文字作品，即便是《葫芦兄弟》的剧本及其中有关"葫芦娃"的描述，也是一种文字表达，"葫芦娃"造型设计的作者首次以线条勾勒出"葫芦娃"的基本造型，其通过手工绘制而形成的视觉图像，结合线条、轮廓、服饰以及颜色的运用形成特定化、固定化的"葫芦娃"角色造型，已不再停留于抽象的概念或者思想，其所具有的审美意义、艺术性、独创性和可复制性，符合我国著作权法规定的作品的构成要件，应当受到我国著作权法的保护。

两原告在庭审中一再提及其所主张的著作权也包括映射在电影中的每一个"葫芦娃"形象。法院认为，就存在于影片中的每一个"葫芦娃"形象而言，由于两原告已同意被告美影厂将其作品拍摄成电影，且电影作品的整体著作权应由被告行使，双方当事人对此均无异议，故两原告关于影片中"葫芦娃"形象的著作权归其所有的主张，法院不予采信。

反思：权益保护与认定的时代性

法律制度通常反映了一国的经济、文化、社会和时代特征，对系争权属的判定，同样不能脱离作品创作的时代背景和当时的法律制度。从宏观的社会现实角度来看，在涉案影片创作的当时，我国正处于计划经济时期，上海美影厂作为全民所有制单位，影片的创作需严格遵循行政审批程序，影片的发行放映需严格遵循国家的计划安排，如根据上级单位下达的年度指标任务上报年度创作题材规划，根据年初规划组织安排人员落实，创作成果归属于单位，单位再将最终创作成果交由相关单位统一出版发行，年底向上级单位、政府部门汇报各项指标任务的完成情况等。在作品创作的当时，两原告作为被告方的造型设计人员完成被告交付的工作任务，正是其职责所在，其创作的成果归属于单位是毋庸置疑的行业惯例，也是整个社会的一种约定俗成。从当时的法律制度来看，1987年1月1日起施行的《中华人民共和国民法通则》第九十四条仅原则性地规定，公民、法人享有著作权（版权），依法有署名、发表、出版、获得报酬等权利。对于电影作品著作权的归属及电影作品中哪些作品可以单独使用并由作者单独行使著作权均未作出规定。可供参照的1985年1月1日起生效、现已失效的《图书、期刊版权保护试行条例》也仅规定，用机关、团体和企业事业单位的名义或其他集体名义发表的作品，版权归单位或集体所有。本案当事人在系争作品创作的当时，也不可能预先按照于1991年6月1日起施行的我国著作权法的规定，就职务作品著作权的归属以合同的形式进行明确约定。因此，认定两原告对其创作的作品于创作的当时享有著作财产权缺乏法律依据。

案例八：石头寨传承的衰落[1]

石头寨-1

石头寨-2

图4-7　石头寨

---

[1]　宋瑶. 论民间文学艺术的私权保护——以"石头寨案例"为线索［J］. 中国发明与专利，2015（7）.

贵州省镇宁县石头寨是具有典型石头建筑的布依族村寨，南距黄果树大瀑布约 6 公里，以伍姓为主体。传说 600 年前，有一姓伍的布依人到此开发逐步繁衍而成寨的。石头寨依山傍水，四周有秀丽挺拔的群山，寨前田连阡陌，寨后绿树成荫，寨边有宽阔的石头河，河水清澈见底，常见游鱼成群，互相追逐。竹林、果树相间的岸边石屋村寨，在阳光辉映下，如片片白云，散落在青山绿水间，形成一派独特的山村美景。

石头寨的石屋建筑极有特色：石屋沿着一座岩石嶙峋的山坡自上而下修建。石屋层层叠叠，鳞次栉比，依山林立，布局井然有序。有的石屋房门朝向一致，一排排参差并列；有的组成一正两厢院落，一幢幢纵横交错；有的石屋是石砌围墙，由一石拱朝门进出的单独院落。村头寨边的竹林柳荫下，还安置了许多的石凳石椅。房屋为木石结构，不用一瓦一砖。用木料穿榫作屋架，屋架有 7 柱、9 柱、11 柱不等，无论是三间或五间一幢，中间多作堂屋，下为实地地面；左右两边多作卧室上铺地板，下为"地下室"关牲口。在建房时，首先用石头砌好二个较高的屋基，一般在 2 米以上，然后将木柱房架立在上边。正因为屋基较高，家家都得砌石阶进门。房架立好后，就砌石墙四面封山，用薄石板盖房，有的用石料间隔，石柱支撑。室内间隔也以石砌成，院落的墙垣、寨中的通道、村前的小桥、梯田的保坎也都用石头修筑，家中的用具，如碓、磨、钵、槽、缸，全是用石做成。到了这里仿佛进入"石头王国"。❶

做蜡染，织纳锦是石头寨妇女的特长。全寨约 80% 的成年妇女都会做蜡染，有一半以上的人家设有染缸，约三分之一的农户从事纳锦生产。石头寨的蜡染和纳锦素以古朴、典雅的风韵著称，工艺精湛、制品精美，锦面鲜艳夺目，蜡花冰纹清秀。近年来随着黄果树风景区的不断发展，石头

---

❶ 石头寨的传说［EB/OL］. http://www.3y.uu456.com.

寨以其优美的自然景色和传统精湛的蜡染、织锦民族工艺，吸引了不少国内外游客前来观光。蜡染的染料是从蓝靛等 28 种植物中提取的绿色原料，复杂的工艺使得布依族蜡染生产成本偏高。

2005 年黄果树旅游开发总公司采取"公司加农户"的模式进入石头寨进行旅游开发。黄果树旅游开发总公司在村口设卡出售门票。设卡出售门票之初，石头寨极具特色的石头建筑、工艺卓绝的蜡染工艺加上优越的地理位置（临近著名旅游区黄果树瀑布）吸引了大量游客前来观光。一些商铺受经济利益的驱使，用工业染料代替传统染料制造蜡染，并打着"石头寨蜡染"的旗号廉价销售。廉价的仿制品不断抢占传统蜡染的市场，严重损害了布依族蜡染的声誉，加剧了传统蜡染市场的萎缩。

马新芬是布依族蜡染技艺的传承人。她的作品反映了布依族对自然和历史的认识，为民族、历史、宗教的研究者提供了宝贵的第一手资料。石头寨繁荣时期，马新芬制作蜡染足以维持一家人的生计。传统蜡染市场的萎缩让马新芬家的蜡染铺面门庭紧闭，墙上的作品布满灰尘，成为无人问津的摆设。马新芬不得不放下手中的蜡染，依靠种田维持生活。马新芬的独生女从小就跟随她学习蜡染，具有良好的天赋。但女儿认为从事蜡染职业收入极不稳定，不愿继承母亲的蜡染技艺，最终选择了医学。独生女的选择意味着马新芬的蜡染将后继无人。

反思：我国民间文学艺术私权保护方面的缺憾

民间文学艺术是群体创造的智力成果。只有民间文学艺术创造群体的利益受到保护，民间文学艺术才能从根本上得到保存、维护和发展。忽略民间文学艺术创作主体的精神利益与经济收益，必将威胁民间文学艺术的保存和传承。立法上传统社区（居民）主体地位的缺失导致其利益未得到应有的保障，引发了一连串的问题：民间文学艺术归谁所有？权利主体享有何种权利和义务？如何协调民间文学艺术的创作者与使用者之间的矛盾？

农业社会时期，经济社会发展主要依靠祖祖辈辈的经验相传，极少求变，社区居民沿袭着原有的生活方式，民间文学艺术在这种环境中保存完好。但随着我国工业经济的发展以及城市化水平的提高，传统的农业文明逐步被现代的工业文明所替代。工业化本应为民间文学艺术的发展与传播提供物质保障和不竭动力，但事实上传统社区似乎并未蒙受经济发展与科技进步的恩惠，社区的基础设施建设依旧落后，居民仍然沿袭着原有的生产方式。一旦传统社区居民生产出受欢迎的新图案，廉价的复制品便迅速抢占市场。民间文学艺术遭受"盗版"后，却因为缺乏法律依据而陷入无从维"权"的尴尬境地。

我国的民间文学艺术大多分布在贵州、云南、四川等落后地区，民间文学艺术的发达和物质资源的贫乏这对矛盾导致地区的精神文化和物质文化发展严重不平衡。传统的民间文学艺术多历经世代传承沿袭。从事传统的民间文学艺术的收入无法满足生活的需要，"准传承人"不得不放弃世代相传的传统技艺。"子承父业"的传承模式受到了严峻的挑战，民间文学艺术的传承出现危机。

案例九:《南河套曲》❶

图4-8　南河套曲

　　"南河套曲"流传于荆山山脉南河流域,这里素有信神敬巫的风俗,秦汉以来,故楚的巫音、巫舞在这里得到传承和吸纳。

　　谷城县文化局员工蔡志国于1987年受单位安排,下乡对众多民间艺人采访,后自己采录、记谱及整理,形成《南河套曲》,并收录于自己编写的《楚风古韵》一书中。

　　谷城县文化局出于申报省级及国家级非物质文化遗产的需要,委托柳

　　❶　侵害民间文学艺术收集、整理作品的著作权纠纷案[EB/OL].[2015-04-28].http://hubeigy.chinacourt.org/public/detail.php?id=25461.

长武撰写了一篇名为《远山飘来礼乐声——吹打乐南河套曲调查报告》的文章并发表，署名为李春阁和柳长武。

蔡志国认为上述文章多处抄袭、篡改其作品，侵犯其著作权，要求停止侵害、消除影响、赔礼道歉、赔偿损失等。

襄阳市中级人民法院审理后认为：蔡志国将流传于南河流域、零碎的民间器乐曲予以收集、整理，并最终将这些有代表性的套曲以文字形式再现，其付出创造性劳动，作为《南河套曲》作者，享有著作权。被控侵权文章系柳长武所撰写，由柳长武及李春阁二人共同发表，柳长武及李春阁二人作为侵权人并无不当。被控侵权文章中部分曲牌名称、曲谱与蔡志国作品存在相同及相似，该相同或相似部分系来源于蔡志国作品，且该相同或相似部分属于正当合理引用以及对《南河套曲》这一非物质文化遗产的保护与发展需要，故未支持蔡志国诉请的赔礼道歉、赔偿经济损失及精神损失的请求。但柳长武及李春阁二人应承担标注节选文字及曲谱出处、消除影响、承担蔡志国因诉讼而支出的合理费用的法律责任。

反思：收集整理形成的民间文学作品的法律地位

我国法律没有明确规定记录、收集、整理民间文学艺术作品而形成作品的法律地位，司法实践中对这类作品引起的著作权纠纷如何处理是一个难点。这起首例涉及民间文学艺术作品案件，属于新型疑难复杂案件。该案对民间文学艺术收集、整理作品如何定性，该类作品的著作权属认定、侵权判定，以及被告的使用是否属正当使用均作出详尽说理阐述，既肯定了作者对作品的创造性劳动，保护了作品的独创性，又对他人对作品的使用是否是正当使用作出判定，对于鼓励民间文学艺术的传承、创造、发展，保护宝贵的民间文学艺术遗产，具有积极的意义。

民间文学艺术收集整理后形成作品的定性。审理涉及民间文学艺术作品案件，首先要解决的是权利人主张的作品如何定性，只有解决了作品定性问题,才能对作品的权属、权利人享有哪些权利,侵权人是否侵权,是否承担赔偿责任作出认定。❶ 本案也涉及蔡志国主创的《南河套曲》到底是民间文艺作品还是民间文艺作品的演绎作品?其中《大开套》《小开套》《穆桂英下山》及《十二个半》的曲目历代在民间口口相传,并没有完整系统的曲谱,蔡志国从20世纪80年代开始参与搜集整理上述曲谱并经历了很长时间将其规范化、系统化、曲谱化,其为此进行了创造性的劳动,形成了创造性的成果,仅就上述四个民间文艺作品的形式来看蔡志国完成文字化的曲谱工作,形式上的曲谱的系统性完成有利于传承民间文艺作品,对于蔡志国完成的上述创造性的曲艺作品的系统化、曲谱化的劳动成果应予以保护,这也符合著作权法的立法目的,因此本案将《南河套曲》定性为民间文艺作品的演绎作品,属于著作权法保护客体。

民间文学艺术收集整理后形成作品著作权属的认定。认定民间文学艺术收集整理后形成作品的著作权属,依赖于查明的相关事实,即当事人对该作品进行独创的事实。❷ 本案蔡志国创作《南河套曲》,历时近二十年,通过其提交的零星的采录笔记、采录磁带以及档案馆保存的集成本,依据集成本中曲谱的署名,本案最终认定蔡志国是诉争作品的作者。确定了作品的作者,还不足以认定作者就是著作权人,还涉及作品是一般职务作品还是特殊职务作品的问题,若是一般职务作品,作品著作权属于作者,反之,则属于单位,作者有权获得奖励。本案中,蔡志国系谷城县文化馆员工,其当时创作是受单位指派,为完成单位收集民间器乐的工作任务,单位也提供了相应的物质技术条件,鉴于蔡志国是按其个人意志创作的,体现的非单位意志,所以最终认定《南河套曲》系一般职务作品,著作权由

❶ 张革新. 民间文学艺术作品权属问题探析 [J]. 知识产权,2003 (3).

❷ 齐爱民,曾钰诚. 民间文学艺术作品著作权归属认定的困境与出路 [J]. 贵州师范大学学报(社会科学版),2016 (2).

作者蔡志国所享有。

民间文学艺术收集整理后形成作品著作权的侵权判定。民间文学艺术收集整理作品虽然涉及民间文学艺术，但是该纠纷的性质依然是著作权纠纷，所以应该遵循"接触+相似+排除合理解释"的著作权侵权判定基本原则进行分析判定。❶"相似"的判定比较复杂，尤其在涉及民间文学艺术的争议中，要特别注意"相似"的对比分析不能在争议作品之间泛泛地进行，要把被控侵权作品与主张权利的作品的独创性部分一一对比，比较二者是否存在相同或相似，结合"接触"的事实是否存在来分析相同或相似部分是因二者之间有接触联系造成，还是各自独立创作，纯属巧合的雷同，还是由于对同一传统文化的利用中不可避免地出现的相似与相同，进而分析判断是否构成侵权。

---

❶ 曾钰诚. 民间文学艺术作品著作权保护问题再思考——以《民间文学艺术作品著作权保护条例（征求意见稿）》为视角 [J]. 广西政法管理干部学院学报, 2016, 25 (2).

第五章

我国民间文学艺术保护立法现状及存在的问题

我国历史悠久，文化传统深厚，民间文学艺术大量存在。随着社会的发展，民间文学艺术侵权问题屡见不鲜，由此，民间文学艺术知识产权保护模式开始建立，并取得初步效果，但由于法律规定的问题和民间文学艺术固有的特性，使其保护存在较多的问题。

一、我国民间文学艺术保护现状

从 1979 年至今，我国为保护民间文学艺术所采取的具体措施主要有以下几个方面：

1. 自 1979 年以来开始搜集、整理、编纂十大民间文学艺术集成志书，其中保存了大量的珍贵民间文学艺术资源，并已于 2004 年全部出齐，同时，民间文学艺术建档和资料的数字化工作目前正在开展。

2. 1996 年我国政府与挪威政府在贵州六枝特区梭戛乡建立我国第一个生态博物馆以来，贵州、云南、四川等地开始在文化生态保存比较完整的少数民族聚居地区进行文化艺术生态保护区（村）的建设。根据整体规划，5 年内全国将建立 50 个国家级文化生态保护区。❶

3. 2000 年 4 月，国家文化部正式启动了"人类口头和非物质文化遗产代表作"的申报、评估工作。迄今为止，在联合国教科文组织三次评出的 37 项人类口述和非物质文化遗产中我国已有三项。其中，我国的昆曲在 2001 年评出的首批 19 项人类口述和非物质文物遗产代表作中榜上有名，此后，古琴、新疆维吾尔木卡姆艺术也分别入选第二批和第三批人类口述和非物质文化遗产代表作。❷

---

❶ 《我国民族民间传统文化保护的立法情况》，全国人大教科文卫委员会文化室资料。

❷ 赵冬梅. 文化馆如何做好文化馆如何做好非物质文化遗产保护工作 [J]. 剧作家，2009 (3).

4. 2003 年 1 月，文化部、财政部、中国文联以及国家民委等部门联合启动了声势浩大的"中国民族民间文化保护工程"，并成立了专门的领导小组和专家委员会。计划从 2003 年至 2020 年的 18 年间实施"保护工程"建设，使我国优秀的民族民间传统文化得到有效保护，初步建立起比较完备的中国民族民间传统文化保护制度和保护体系。

5. 2013 年，文化部已经命名了"民间艺术之乡"共 528 个❶，为保护和促进民间文学艺术的发展起到了积极的作用。

虽然我国在民间文学艺术的法律保护方面取得了一定的进展，但总体而言，我国民间文学艺术的保护状况仍不容乐观，建立相对完善的民间文学艺术保护机制已刻不容缓。

---

❶ 文化部命名 528 个"中国民间文化艺术之乡"［EB/OL］.［2011-11-16］. http://www.gov.cn/gzdt/2011-11/16/content_ 1994674.htm.

二、我国民间文学艺术保护立法现状

我国是一个文明古国，在发展过程中形成大量的民间文学艺术。在当今社会的发展中，非物质文化遗产是我国的一个重点保护对象，而作为其重要组成部分的民间文学艺术更是我国各级政府保护的对象。新中国建立以来，我国在民间文学艺术的保护方面做了大量工作。20世纪中叶，我国政府组织文化工作者对部分传统文化遗产进行了调查和研究工作，使许多濒临消亡的民间文学艺术得到抢救；此后，由老一辈知名学者提议发起的"十部中国民间文艺集成志书"的编纂工作也取得了积极的成效。虽然人们为保护、保存、发展民间文学艺术做出了努力，但是随着现代社会经济文化环境的急剧变化，民间文学艺术赖以生存和发展的条件正在恶化或部分消失，致使很多民间文学艺术在流传过程中渐渐萎缩，甚至面临失传的危险。❶ 特别是随着对民间文学艺术大规模的商业利用使民间文学艺术的处境更为严峻，对民间文学艺术来源群体也造成了从未有过的伤害。

我国对民间文学艺术的保护越来越重视，建立了许多研究机构，对戏曲、美术、音乐等各种艺术进行整理和保护，并且取得了不错的成果。1984年，文化部颁布了《图书、期刊版权保护试行条例》，该条例中提到对有关民间文学艺术素材的提供者与作品整理者的保护。我国1990年《著作权法》在第六条规定："民间文学艺术的著作权保护办法由国务院另行规定。"这一笼统的规定看似我国法律对民间文学艺术的相关权利进行保护，但是该规定为法律适用产生了很大的困难。1997年，为了贯彻该条

---

❶ 华成权.民间文学艺术的知识产权保护研究——从特别立法的角度［J］. 四川大学，2005.

款的精神，版权局曾经出台了《中华人民共和国民间文学艺术保护条例（征求意见稿）》，该意见稿借鉴了 UNESCO 和 WIPO5《示范法》的法律保护模式，并针对我国具体情况制定了更详细的条款，受到了国内外专家的一致好评，但由于种种原因，该条例最终未能进入立法程序，这就使得2001 年修改的《著作权法》，依旧保留了原来的第六条。❶ 1997 年 5 月 20 日国务院发布、施行了《传统工艺美术保护条例》，保护传统工艺美术。2002 年文化部向全国人大教科文卫委员会报送了民族民间文化保护法的建议稿，全国人大教科文卫委员会成立起草小组，拟定了《中华人民共和国民族民间传统文化保护法草案》。由于我国在 2004 年加入了联合国《保护非物质文化遗产公约》，全国人大教科文卫委员会将草案名称调整为《中华人民共和国非物质文化遗产保护法》，这部法律被定位为行政法，在性质上与现行文物保护法相同，只是在保护对象上对前者做了补充。2007 年12 月 29 日通过《中华人民共和国文物保护法》。

2014 年 10 月，《民间文学艺术著作权保护条例》（草案）（以下称为《条例》）发布，对民间文学艺术的保护提供了更加具体的法律措施。《条例》第一条规定："为保护民间文学艺术的著作权，保障民间文学艺术的有序使用，鼓励民间文学艺术传承和发展，根据《中华人民共和国著作权法》第六条，制定本条例。"《条例》共二十一条，规定了何为"民间文学艺术"，即由特定的民族、族群或者社群内不特定成员集体创作和世代传承，并体现其传统观念和文化价值的文学艺术的表达。罗列了民间文学艺术的类型。从适用范围、主管部门、权利归属、权利内容、授权机制、利益分配、权利转让和权利负担等方面进行了详细规定。

我国地方各具特色，民族众多，在地方上也有了一些保护民间文学艺术的立法。就地方性法规而言，云南省 2000 年施行的《云南省民族民间

---

❶ 石雪梅，程平. 民间文学艺术的知识产权保护 [J]. 福州大学学报，2011（11）.

传统文化保护条例》是我国第一部保护民间文学艺术等传统文化的地方性法规，开创了地方立法的先河。该条例第二条定义的民族民间传统文化，除了包括民间文学艺术之外，还包括各少数民族的语言文字，具有民族民间传统文化特色的代表性建筑、设施、标识和特定的自然场所，民族民间传统文化传承人及其所掌握的知识和技艺，民族民间传统工艺制作技术和工艺美术珍品等。❶ 将民间文学艺术包括在传统文化中，其涉及的是整个云南省民族民间传统文化，侧重规定了文化保护和经济发展之间的关系，而对这些传统文化所涉及的人的权利、著作权等内容却鲜有明确的规定。

随后安徽的淮南市颁布了《淮南市保护和发展花鼓灯艺术条例》。该条例由淮南市第十二届人民代表大会常务委员会第三十次会议通过，2001年9月26日安徽省第九届人民代表大会常务委员会第二十五次会议批准。根据该条例第十九条的规定，该条例自2001年7月1日起施行。❷ 该条例保护的范围是，流传于淮河流域，集舞蹈、灯歌、锣鼓、小戏于一体的民间艺术，也就是花鼓灯艺术。

贵州省与甘肃省分别颁布了《贵州民族民间文化保护条例》《甘肃省敦煌莫高窟保护条例》等，地方陆续颁布的立法为我国民间文学艺术保护提供了宝贵经验。❸《贵州省民族民间文化保护条例》2002年7月30日经贵州省第九届人民代表大会常务委员会第二十九次会议通过，自2003年1月1日起施行。❹ 该条例对民间文学艺术等民族民间文化保护的范围和云南省的条例基本上是相同的。《甘肃省敦煌莫高窟保护条例》是甘肃省第九届人大常委会于2002年12月7日讨论通过，2003年3月1日正式实施。该条例主要是对文物的保护。但是，这里的文物又是民间文学艺术，是世

---

❶ 《云南省民族民间传统文化保护条例》。

❷ 《淮南市保护和发展花鼓灯艺术条例》。

❸ 王慧. 民间文学艺术的知识产权保护现状及建议 [J]. 价值工程，2011（7）.

❹ 《贵州省民族民间文化保护条例》。

界现存佛教艺术最伟大的宝库。该条例第二十六条规定，制作出版物、电影、电视剧（片）以及专业录像和专业摄影需拍摄敦煌莫高窟文物的单位和个人，应当经国家文物行政部门批准，按照规定缴纳费用后，在敦煌莫高窟保护管理机构工作人员的监督下进行拍摄。❶ 据此，可以认为该条规定了有关部门对该文化遗产可以收取使用费的条款。

江苏省苏州市政府颁布的《苏州市民族民间传统文化保护办法》，其中的第九条规定了民族民间传统文化保护的四种基本方式，其中包括整理、出版、为传承人提供政策和资金上的支持等涉及著作权保护的内容，相对于云南省的地方性法规，显得更加细致并有很强的可操作性，也深化了对于传统文化的知识产权保护。

地方性法规主要有以下共同点：首先，出台地方性法规的省份要么有深厚的文化传统，要么是民族聚居的省份，这些资源与其经济发展密不可分，能够为其发展提供动力；其次，由于传统文化（包括民间文学艺术）的特点以及其受众群体的特殊性，这些地方性法规有明显的地方特色，人情成分较重；最后，其中关于民间传统文学、文艺、建筑等内容的著作权保护、权利人权利的保护并没有详细的规定，因此不能从根本上解决侵权问题的存在。

---

❶ 王艳明. 立法让莫高窟"容颜永驻"[J]. 大河报，2003（3）.

三、我国民间文学艺术保护立法存在的问题

无论国家层面的法律还是地方性法规，虽然对民间文学艺术的保护都有所涉及，但是在民间文学艺术的著作权保护方面还存在很大的问题。

1. 权利主体方面

众所周知，《著作权法》中关于民间文学艺术的著作权保护的规定仅限于第六条，即"民间文学艺术的著作权保护办法由国务院另行规定"。这样笼统性的规定充分地说明我国关于民间文学艺术的著作权保护处于初级阶段，对于民间文学艺术的保护知识提供一些参照，并没有细致的独立规定。尤其是对于权利主体的规定，并未有明确的规定。

通过上文的详述，民间文学艺术与一般文学作品存在很大的区别，因此对于其保护不能与其他文学作品一概而论。在实际侵权发生时，被侵权群体无法找到对应的法律规定，而法官也不能完全找到判定的依据，因此大大影响法律的权威，也更加使民间文学艺术的发展产生巨大的阻碍作用。

《乌苏里船歌》案是我国民间文学艺术侵权第一案，其争议的焦点主要在于赫哲族是否可以作为作品的作者，原告是否可以作为赫哲族的代表提起诉讼的问题。虽然该案已经过去十几年，但是关于案件涉及的问题在法律中也没有明确的规定，还处于缺位的现象，而这也是民间文学艺术得到有效保护的第一要件。主体不明确，在群体利益受到侵害时，就很难用法律手段给予保护，这样也挫伤了权利人的创新的积极性，从而使民间文学艺术后继无人，影响其发展与传承。

2. 权利保护期限方面

民间文学艺术侵权案件的发生，有一个重要的原因，那就是人们普遍认为民间文学艺术流传时间长，有的甚至历经百年、千年，因此已经过了保护期限。而相关的法律规定也并没有明确的规定，例如《著作权法》中的"由国务院另行规定"，其实为法律的使用埋下了很大的隐患。我国《著作权法》中明确规定了作品的保护期限，只有在期限内才受法律保护，超出期限就丧失了著作权的法律保护，作品也转化为公共作品，任何人都可以使用，不需要支付报酬，也不需要取得原作者的同意。参照其他作品的法律保护，在保护期限方面是固定的，但是由于民间文学艺术的特殊性，在该方面并不能一概而论。

民间文学艺术和一般作品不同，它是经过世代传承长期存在的。现行的著作权制度对作品的保护期限一般为创作完成之后在作者终身至死后第50年。匿名作品或法人作品也都规定在出版后给予50年保护，给作品限定保护期是对著作权权利的一种限制，也是对公有知识领域的贡献，但民间文学艺术存在的时间都较长，且处于不断的延续与进化之中，其并没有创作完成时间或出版时间，即使确定了这些时间点，给予50年的保护期也是微不足道的。而进行无期限的保护却又与现行著作权理论不相符，如何合理解决保护期的矛盾不是一个容易解决的问题。

这些民间文学艺术都是经过千年的磨炼形成的，倘若依照《著作权法》的规定，保护期限过去后，那么这些弥足珍贵的艺术作品到现在就可以被任意地利用，失去法律的保护，必然会引起很多问题。同时，由于没有确定的作者，也就没有办法判断作品是何时完成、发表，它的创作在世代的传承中一直不断更新和完善，如果设定保护期限也是不科学的。所

以，著作权法中的期限不适合民间文学艺术的保护。❶

3. 权利保护内容方面

民间文学艺术在全国广泛传播时，创作者有时并没有获得应有的权益与尊重。有的作品的来源没有标明，容易让人们产生误会。有的私自对作品进行了改编，破坏了作品的完整性，给创作群体造成情感上的伤害，更有甚者，没有经过允许进行发表等。有些民间文学艺术在全国很多地方可以见到，但是，大多没有向权利人支付相应的费用，给权利人造成不同程度的伤害。加之网络的飞速发展，侵权现在更加严重。形成这种现状的最终原因是因为没有明确规定著作权人享有的权利内容。民间文学艺术因为有其自身的特征，所以不可能完全适用《著作权法》的相关规定。

《著作权法》规定著作权是人身权和财产权的总和，这样的规定是针对那些有明确权利主体或权利主体争议不大的作品而言的。但是对于民间文学艺术，这样的规定显然是不合适的，也就是说我们不能给予民间文学艺术主体著作权所有的权利，人身权和财产权不能被民间文学艺术的权利人同时所有。

4. 地方立法方面

虽然地方立法在数量上是比较客观的，但是其存在的问题也不少。地方立法最大的特点就是具有地方性，因此其保护模式不能做到很好的统一，但是其存在共同的问题。

首先，地方政府进行地方立法的原因是为了通过民间文学艺术等相关的内容与地方经济发展相联系，并不是在保护民间文学艺术本身；其次，地方立法中大多对于民间文学艺术的作者和权利享有者的界定

---

❶ 虞纯纯. 探讨民间文学艺术的法律保护 [J]. 东方企业文化, 2011 (12).

不能彻底完成，因此在法律的适用上还是存在较大的问题；最后，由于民族性、群众性强，在法律保护上倾向性比较强，立法的科学性存在些许欠缺。

5. 权利过度限制问题

有些人认为民间文学艺术是公共领域的范畴，既不需要支付报酬，也不需要经过权利人许可，可以任意使用。所以，篡改、歪曲与滥用民间文学艺术的现象时有发生。为了保护民间文学艺术，我们用各种方式进行保护，但是，也会出现新的问题及保护过度。保护民间文学艺术不仅仅是为了简单的保护与传承，更是为了其能够发扬光大，不断创新，达到符合现在社会的需求。如果过度保护，就会成为民间文学艺术发展的障碍，违背了立法的初衷。❶

例如，有的地方为了本地区经济利益使用民间文学艺术，有的地方由于观念落后，不愿意将其示之于众，这些行为都阻碍了民间文学艺术的发展和传播。民间文学艺术的使用，可以采用改编、表演、复制、整理、播放等多种形式。有的为了商业目的使用，有的为了公益，也有的仅仅为了艺术创作，如果每种方式使用都要得到权利人的许可，那么就严重阻碍了民间文学艺术的发展和传承。每个民间文学艺术都是全人类共同的精神财富，那么就应该合理利用、开发，而不是创作者独自占有。

6. 利益主体法律意识方面

民间文学艺术的保护不仅仅需要立法的科学和完善，还需要相关利益主体的法律意识和保护意识。我国的法律基础薄弱，人们的法律意识淡薄，加之民间文学艺术著作权保护的相关法律并不完善，所以人民群众的

---

❶ 刘江. 民间文学艺术的法律保护研究［J］. 对外经济贸易大学，2011.

维权意识更加薄弱。民间文学艺术中所涉及的人物、地点等内容，都可能成为各地争抢的对象，因此就会出现中国有两个花果山等现象。法律基础的薄弱使得各地绕过法律的空当抢夺民间文学艺术的所有权，也难以促成其市场化的发展。

四、民间文学艺术知识产权保护的必要性

民间文学艺术在概念的界定、保护期限的确定以及如何实施保护等诸多方面存在困难，但不可否认的是关于民间文学艺术的侵权案例不断发生，因此，对民间文学艺术的知识产权保护有其必要性。

1. 维护权益的需要

近年来，随着社会的发展，越来越多的民间文学艺术被开发，并获得可观的经济效益。但是，我们应当看到在这种利用的背后存在的诸多问题，比如权利归属、利益分配以及开发利用的限度等，这也引起了很多侵权事件的发生。但是在侵权事件发生之后，并没有一个具有明确指导意义的部门法规加以适用，在侵权纠纷的解决方面存在较大的问题。基于此，民间文学艺术的知识产权保护制度的建立很有必要。

2. 详细的法律保护的需要

在我国，民间文学艺术的保护虽然有《著作权法》和各地方政府制定的行政法规，但是我们不难看出两类型的法律在其保护上存在较大的问题。前者规定太过宏观，不利于法律适用；后者规定太过地方保护主义和商业化，并不是对民间文学艺术真正的保护。因此，我们需要从一个小的法律角度对民间文学艺术进行保护，即民间文学艺术的著作权保护。

3. 保持文化优势的需要

每个民族的文化传统作为其独特的精神财富是产生文化创造力的重要源泉和文化发展的基础，各民族的民族文化就体现在其民间文学艺术宝库

当中。就民间文学艺术而言，它是传统文化的重要载体，是群体文化精神与智慧的凝结，保护民间文学艺术是实现文化多样性的必然要求和必由之路。民间文学艺术不仅是文化传播的重要手段，更是文化创新的重要源泉。要保持文化优势，提高文化竞争力，就应该积极对民间文学艺术进行保护，使其充分发挥应有作用。

4. 促进文化传承的需要

民间文学艺术中包含丰富的中国传统文化，代表特定历史阶段的精神面貌，具有很高的文学价值、历史研究价值以及传承价值。而现实情况是，我们的民间文学在科技发展的情况下，不断出现被滥用的现象，同时也出现断代现象，这不利于民间文学艺术的传承。在这样的情况下，民间文学艺术的完整性、原始性对于我们的文化发展有很大的作用。对民间文学艺术的著作权保护，一方面能够明确其权利主体，另一方面又规定开发利用等诸多方面的权限、限制，对民间文学艺术发挥其作用大有裨益。

5. 发展文化产业的需要

文化产业的发展，需要法律对民间文学艺术进行细致、准确的规定，以此来发挥民间文学艺术在文化产业发展中的作用，同时保障其在文化产业发展过程中吐故纳新，起到激励下一代人的作用。

第六章

我国民间文学艺术知识产权保护机制的构建

一、我国民间文学艺术知识产权保护的价值

民间文学艺术具有丰富的艺术价值，其中表现的人文、民俗、文化、精神等，是艺术价值的集中体现；民间文学艺术也展现了一定的历史性，是相对应的历史造就的文化产物，是指引我们发展的原动力；同时，民间文学艺术对我们社会的发展有很大的经济价值、精神价值，是我们社会发展的重要组成部分。

而民间文学艺术的知识产权保护也有其一定的价值，主要表现在以下几个方面：第一，民间文学艺术的知识产权保护是对文化的保护，是对历史的保护，也是对于民间文学创作者的保护；第二，民间文学艺术的知识产权保护有利于充分发挥我国民间作品的积极作用，将其中包含的文化与社会的发展结合起来；第三，民间文学艺术的知识产权保护能够解决因为民间文学艺术产生的纠纷，明确权利人，对于将来的司法实践有着现实的指导作用。

二、我国民间文学艺术知识产权保护的宗旨和原则

对民间文学艺术进行法律保护的主要宗旨是：为了尊重和保护民间文学艺术的价值，促进民间文学艺术的传承和发展，保护民间文学艺术权利主体的合法权益，在法律的引导和规范下建立一种合理有序的商业化利益分享机制，从而防止对民间文学艺术的不正当利用及其他侵害行为。

民间文学艺术相较于一般文学作品而言，有更多的复杂性，因此在制度建立方面应当坚持特有的原则。

1. 保护创作群体利益原则

民间文学艺术的创作者具有群体性，因此其具有鲜明的个性，在开发、利用甚至保护时，应当充分考虑这部分人的意愿。在涉及利益分配时，应当充分满足创作群体的利益，特别是市场经济活动中产生的利益。而上文所说的创作群体类型多而杂，因此在学界有两种声音：即由国家或者集体管理组织代表创作群体享有这部分利益。笔者认为集体管理组织更具可行性，因为这样的组织是与民间文学艺术联系更加紧密的，因此在享有这样的权利的同时，更能支持民间文学艺术的进一步发展。而将国家作为这一利益享有者，会有行政保护意义上的随意性。

2. 惠益分享原则❶

确立该原则的目的是为了建立一种有关民间文学艺术的、合理有序的

---

❶ 陈京京. 我国民间文学艺术作品的法律保护研究 [J]. 西北大学，2007 (5).

商业化利益分享机制。如果拥有民间文学艺术的群体以外的人或在利用该作品后获得了商业上的收益，而群体却无法从中获益，这样的做法肯定会大大挫伤群体保护和继续创作民间文学艺术的积极性，当然也不符合知识产权公平、利益兼顾的指导思想。民间文学艺术派生作品的权利人，以及依法通过对民间文学艺术复制、出版、公开表演等方式获得邻接权的权利人，其所获收益应与民间文学艺术保有群体进行分享，并指明来源以尊重其精神权利。

3. 鼓励传承与发展原则

鼓励传承与发展原则是指，为繁荣民间文学艺术市场，创造更多的经济活力与文化效应，应该鼓励民间文学艺术所有人对其作品的传承及在传承过程中对作品本身的创新活动，并鼓励任何有利于民间文学艺术传承与发展的行为。在我国，许多的民间文学艺术都产生于位置偏僻、经济落后、群体成员文化素质偏低、法律意识淡薄的地区。在这些地区，民间文学艺术的延续主要依靠口传心授的方式。基于上述原因，民间文学艺术在外来文化、不法商业利用的侵蚀下，流失现象极其严重。因此，即使是那些单纯保存、记录民间文学艺术的行为也对该地区民间文学艺术的传承与发展有着重要的作用，虽然这样单纯的保存与记录行为无法获得特殊权利或知识产权，但应享有发表记录成果并署名以及获得报酬或奖励、署名等经济和精神权利。对于那些在传承过程中形成的汇编作品与派生作品，可以依著作权法赋予传承人相应的权利。

4. 专业管理机构管理原则

我们应当看到，对民间文学艺术的知识产权保护需要一个更加专业的管理机构进行管理。将国务院著作权行政管理部门作为全国民间文学艺术保护的主管部门，具有权威性，同时也更具有专业性。与民间文学艺术集体管理组织相比，国务院著作权行政管理部门在政策的履行、法规的理解和适用方面均有较强的优势，同时也能避免集体管理组织自发性的弱点，使民间文学艺术的知识产权保护更加有效。

5. 杜绝地方保护原则

民间文学艺术虽然具有地域性、民族性，但是在高速发展的今天，这类民间文学艺术影响的不仅仅是这一部分人，而是影响全国人民甚至全世界人民的作品，因此要杜绝地方保护主义。这部分原则应当体现在民间文学艺术知识产权保护的限制方面。

三、我国民间文学艺术知识产权保护机制的构建

1. 立法保护机制的构建

（1）明确民间文学艺术的范围

对民间文学艺术进行法律保护，首先必须明确民间文学艺术的范围。这样，法律保护才有针对性。不明确民间文学艺术的界限，就有可能把公有领域的作品划入了专有领域，或者是把专有领域的作品划入了公有领域，从而造成法律秩序的混乱。民间文学艺术的内涵和外延必须明确。民间文学艺术应当是指由某社会群体而非个人在长期的历史过程中创作出来并世代相传、集体使用的文字、音乐、舞蹈、戏剧、曲艺、美术、建筑等艺术形式。民间文学艺术一定是非物质性的、无形的智力劳动成果。对于以物质形态表现出来的作品一定要同这些物质本身区别开来，这些物态的东西仅仅是作品的载体，而非作品。同时，在立法中还要对易与民间文学艺术混淆的概念和术语区分开来。❶

（2）明确权利主体

要想解决民间文学艺术的知识产权保护问题，必须将权利主体的确定放在首要的位置。与一般文学作品比较，民间文学艺术有自己的特点，最显著的问题就是创作者问题。具体而言，民间文学艺术的作者可能是一群人或者是一个人创作之后，一群人进行增添和修改，这是民间文学艺术创作者问题复杂的原因。对于这一问题，国内主要有以下两种观点：一方面，人们认为民间文学艺术的创作者是一个民族的群体性主体，因此该群

---

❶ 杨茂琼．民间文学艺术作品的著作权保护研究［J］．四川大学，2015（4）．

体应当作为民间文学艺术的知识产权保护的权利主体；另一方面，人们认为群体性主体不具备作为严格意义上法律上独立的权利主体❶，并且在保护方面存在很大的问题，因此国家要作为民间文学艺术著作权的权利主体。

关于民间文学艺术知识产权保护的主体不应当简单地归结为属于群体还是国家，而是根据实际情况分为三类。

第一，民间文学艺术知识产权保护的权利主体为群体。具体而言，民间文学艺术的民族性、群体性特征是其最主要的特征，因此群体理应成为权利主体的一个方面。但是现实的问题是群体性的主体会使得人们维权或者进入司法程序之后造成适用法律上的困难，因此我们需要建立一个群体成员都认可的机构，由相关的民俗专家和群体成员组成，使得民间文学艺术有一个更加科学的载体，同时又能在成员的帮助下保持民间文学艺术的原貌。著作权中有"集体管理制度"，成立一些非政府性的公益组织，除了在发生纠纷之后发生作用外，在平时的管理生活中，不断丰富民间文学艺术的内容，使其更加有利于其发展，也能让其为经济发展提供推力。

第二，民间文学艺术知识产权保护的权利主体是国家。具体而言，在无法确定创作者、继承者或者其他权利主体的情况下，民间文学艺术的著作权属于国家所有。值得注意的是，民间文学艺术归于国家所有要制定严格的标准，该标准大致可以分为以下两个方面表述：一方面，虽然知道其创作的群体，但是流传范围不仅仅局限于该群体，而是全国人民；另一方面，不知道创作者的群体，也不在全国范围内流传的作品，也可以推定为由国家所有。

第三，民间文学艺术知识产权保护的权利主体还有社区、个人等。具体而言，个人作为民间文学艺术知识产权保护的权利主体，是基于确定了

---

❶ 管健. 论民间文学艺术的知识产权保护 [J]. 江西警察学院学报，2014 (3).

传承人的情况；而社区作为民间文学艺术知识产权保护的权利主体，是基于流传范围极小，适用人群是群体中的一小部分的人。

在权利归属方面，民间文学艺术的著作权应属于特定的民族、族群和社群。这既能肯定民间文学艺术的民族性、区域性和群体性，又不会将这样的性质无限放大。冠以"特定"一词，使得民间文学艺术的权利主体有一个圈定的标准，也更好地针对这一主体来确定其他民间文学艺术的使用者。

在利益分配方面，民间文学艺术的收益应当及时分配到相应的民族、族群和社群。在五年内无法确定的，应当用于民间文学艺术的传承与发展。这样，不仅保证了民间文学艺术著作权人的财产权，也能保证民间文学艺术能延续自己的文化魅力。

（3）明确权利内容

民间文学艺术的知识产权保护的内容不像一般文学作品的知识产权保护一样，仅涉及人身权和财产权，而是包括禁止对民间文学艺术进行歪曲等。在人身权方面，民间文学艺术在权利主体的确定上本身就存在较大的困难，因此在人身权的归属上也并不易确定。我们讨论的是著作权上的保护，因此我们应当将民间文学艺术的本身作为保护对象，而不应该涉及商标等其他知识产权方面。在财产权方面，民间文学艺术本身存在着很大的经济利益，这也是值得对其进行保护的原因之一。

民间文学艺术的发展是由人们不断的改编而完成的，因此在改编权的方面应当有特别的规定。新修订的《著作权法》第十二条规定："改编、翻译、注释、整理已有作品而产生的作品，其著作权由改编、翻译、注释、整理者享有，但行使著作权不能侵犯原作品的著作权。"同一般文学作品相比，民间文学艺术的改编可以保证民间文学艺术的发现、创新，同时也可以发掘更深层次的文化、精神和文明；但是我们必须在改编时坚持一定的原则，不能过多地追求经济效益而曲解民间文学艺术的内在精神。

禁止对民间文学艺术进行歪曲，是指任何单位和个人均不能背离民间文学艺术所表达的主流思想和精神进行"解释"，保护其传统性和民族性。这是对民间文学艺术人身权和财产权的更进一步的保护，也是民间文学艺术知识产权保护的重点内容之一。

（4）明确保护期限

民间文学艺术与一般文学作品有很大的区别，因此在保护期限方面也有很大的区别。一般文学作品的保护期限在《著作权法》中的常规规定是作者在世及死后 50 年，至此著作权自动灭失，而对于具有特性的民间文学艺术来说，其保护期限不仅仅局限于作者在世及死后 50 年。

民间文学艺术保护期限的特殊性的产生原因是多方面的，主要包括：第一，民间文学艺术具有历史性和民族性，因此无法确定作者在世及死后 50 年这一期限；第二，民间文学艺术的群体性特征使得无法确定固定的作者，因此更不能确定作者在世及死后 50 年这一期限。

民间文学艺术的知识产权保护期限不应当受限制，原因是：第一，民间文学艺术涉及的作品时间跨度大，而相当一部分作品是经过几代人的不断实践和改变才最终形成的，而且在今后的发展过程中，还会有人对其合理性进行质疑和实践，因此民间文学艺术属于"永远不能写完的书"。第二，民间文学艺术的作者具有群体性（当然不排除个人创作），因此在作者去世的时间点上无法形成统一的标准。第三，民间文学艺术来源于民间，时间观念本身存在较大的缺陷，对于其何时出现、何时停止发展、何时消灭等都无法进行衡量，因此民间文学艺术的保护期限是永久的。

（5）明确法律责任

违法行为应该受到惩罚，在民间文学艺术保护中也是不可缺乏的，这也是一个完整的法律制度应该具备的。为了使保护民间文学艺术能够落到实处，对违法者有必要进行法律惩罚。对侵犯民间文学艺术者可以参照著作权法规定，主要对其加以民事责任，同时，以刑事责任与行政责任为辅。承担民事责任的主要行为是应该为使用民间文学艺术支付费用没有支付，或者改编、篡改民间文学艺术的行为，要求其停止侵害、赔偿损失等；承担行政责任行为是上述行为损害公共利益，则应该由相关部门对其加以处罚，包括没收非法所得、处以罚款等；当情形严重，构成犯罪的，应该由《刑法》中侵犯知识产权的相关规定，追究其责任，达到真正保护民间文学艺术的目的。❶

（6）权限的合理限制

民间文学艺术知识产权的限制其实是对民间文学艺术相关利益群体进行的利益平衡，而不是像一般文学作品一样进行的"限制"，即合理使用。具体而言，对民间文学艺术的知识产权保护的限制也是指在给予一部分权利的同时，权利主体也要履行一定的义务。因此对民间文学艺术知识产权保护的限制不能与一般文学作品知识产权保护的限制一概而论，而是区别待之。

就合理使用而言，是指在特定的条件下（即合理使用范围内），使用民间文学艺术的，不构成侵权。而特定条件下与一般文学作品有区别：第一，为个人学习、研究和欣赏。不应当将"已经发表的作品"作为限制条件，因为民间文学艺术的概念标准就强调了"民间"，即未经版权登记的作品。第二，用于教学目的的民间文学艺术，但是不得出版发行。第三，适当引用，即为了说明而引用，并且不能做丑化、歪曲本意的引用。第四，不以营利为目的进行使用，也不能出版发行。❷

关于著作权限制方面，将合理使用的民间文学艺术限定为公开的民间文学艺术，并且在使用的时候应当注明出处，并且不能作出与民间文学艺术相抵触的理念解释，并不能损害著作权人和其他人的利益。

---

❶　白成媛. 我国民间文学艺术作品的法律保护［J］. 重庆大学，2013（4）.

❷　姜艳. 著作权下民间文学艺术的利用和保护［J］. 烟台大学，2013（3）.

2. 司法保护机制的构建

（1）司法禁令救济

我国新修订的《著作权法》第四十九条被人们称作我国著作权法的临时禁令救济制度。该条规定："著作权人或者与著作权有关的权利人有证据证明他人正在实施或者即将实施侵犯其权利的行为，如不及时制止将会使其合法权益受到难以弥补的损害的，可以在起诉前向人民法院申请采取责令停止有关行为和财产保全的措施。"本文认为，鉴于针对民间文学艺术侵权的情形逐渐增多，可能导致某些重要的民间文学艺术消失的特点，即时的禁令救济措施是十分必要的。禁令救济可以及时制止即将发生或正在发生的民间文学艺术知识产权侵权行为，避免可能给有关民族、区域和国家的文化利益带来灾难性的后果。我国履行司法职能的重要机关——人民法院应当认真履行其审判职能，及时、充分地维护民间文学艺术作品权利主体的合法权益。❶

（2）公益诉讼

鉴于民间文学艺术的集体性，可以借鉴公益诉讼制度作为一种对民间文学艺术知识产权侵权行为的救济制度。公益诉讼本来意义上的目的是主持社会正义，实现社会公平，以维护国家利益和社会公共利益。公益诉讼的起诉人可以是与案件无任何直接利害关系的人以及法律规定的组织或国家机关；原告提出的诉讼请求不需要具体化。在民间文学艺术作品法律保护方面，由于社会发展水平、维权意识、知识能力、交通、信息、技术各方面的原因，有关民族很难及时地发现侵权行为并提起诉讼，在诉讼中也可能无法完成自己的举证责任。所以，借鉴公益诉讼制度，进一步扩大原告的范围，可以由民事程序法或民间文学艺术作品著作权保护法做出相应

---

❶ 杨茂琼. 民间文学艺术作品的著作权保护研究 [J]. 四川大学，2015（4）.

的规定，对那些为了保护民间文学艺术作品而起诉的组织，应当给予援助或奖励。❶

3. 集体管理制度的构建

民间文学艺术集体管理制度，就是指民间文学艺术作品权利人在无法行使权利，或者行使权利存在实际困难时，将其权利授予知识产权集体管理机构，由该组织代为行使和管理，权利人享受由此带来的利益的一种制度。

对民间文学艺术的知识产权采用集体管理这一制度，应该处理好以下几个问题：

（1）集体管理组织的设立

该组织的成立由有关群体的成员发起，也可以由该群体以外的人发起。我国《著作权集体管理条例》第七条规定：依法享有著作权或者与著作权有关的权利的中国公民、法人或者其他组织，可以发起设立著作权集体管理组织。设立著作权集体管理组织，应当具备下列条件：（一）发起设立著作权集体管理组织的权利人不少于 50 人；（二）不与已经依法登记的著作权集体管理组织的业务范围交叉、重合；（三）能在全国范围代表相关权利人的利益；（四）有著作权集体管理组织的章程草案、使用费收取标准草案和向权利人转付使用费的办法（以下简称使用费转付办法）草案。第九条规定：申请设立著作权集体管理组织，应当向国务院著作权管理部门提交证明符合本条例第七条规定条件的材料。国务院著作权管理部门应当自收到材料之日起 60 日内，作出批准或者不予批准的决定。批准的，发给著作权集体管理许可证；不予批准的，应当说明理由。第十条规定：申请人应当自国务院著作权管理部门发给著作权集体管理许可证之日起 30 日内，依照有关社会团体登

---

❶　杨茂琼. 民间文学艺术作品的著作权保护研究［J］. 四川大学，2015（4）.

记管理的行政法规到国务院民政部门办理登记手续。第十一条规定：依法登记的著作权集体管理组织，应当自国务院民政部门发给登记证书之日起30日内，将其登记证书副本报国务院著作权管理部门备案；国务院著作权管理部门应当将报备的登记证书副本以及著作权集体管理组织章程、使用费收取标准、使用费转付办法予以公告。第十二条规定：著作权集体管理组织设立分支机构，应当经国务院著作权管理部门批准，并依照有关社会团体登记管理的行政法规到国务院民政部门办理登记手续。经依法登记的，应当将分支机构的登记证书副本报国务院著作权管理部门备案，由国务院著作权管理部门予以公告。鉴于我国民间文学艺术的分布范围十分广泛，在我国各地方设立一定的分支机构更有利于权利人行使权利，也有利于使用人利用民间文学艺术。当然，在权利人把民间文学艺术作品授权给集体管理组织管理以后，权利人就该组织对民间文学艺术作品的使用情况有监督的权利。

（2）集体管理组织的性质

目前，著作权集体管理组织的性质有两种类型，一种是民间性质，即民间团体管理。另一种是官方的或半官方的机构。鉴于民间文学艺术的特殊性以及其自身的发展规律，我国民间文学艺术集体管理组织以非官方为宜。根据我国现行《著作权集体管理条例》的规定，著作权集体管理组织是社会团体。因而，我国的民间文学艺术知识产权集体管理组织应具有非官方的性质。

（3）集体管理组织的职能范围

如果民间文学艺术的权利人授权集体管理组织进行管理，集体管理组织不仅应该担负起保护权利人精神权利的使命，还应该保护其财产权利，为推动全人类文化事业的健康发展做出努力。因此，集体管理组织的职能范围应以广泛为宜，不应对其业务活动进行太多的限制而不利于其作用的发挥。民间文学艺术的权利人与集体管理组织建立关系时，应当采取双方签订信托合同的方式，以该信托合同的协议内容来履行义务和享有权利。

参考文献

[1] ［德］居斯塔夫·斯威布. 希腊神话故事 ［M］. 周晨，译. 武汉：武汉出版社，2009.

[2] 张耕. 民间文学艺术的知识产权保护研究 ［M］. 北京：法律出版社，2007.

[3] 肖少启. 民间文学艺术著作权保护路径分析 ［J］. 河北法学，2010 （5）.

[4] 黄玉烨. 我国民间文学的特别权利保护模式 ［J］. 法学，2009 （8）.

[5] 田金花，杨彦华，张洋. 浅谈民间文学艺术的法律保护 ［J］. 法制与社会，2013 （5）.

[6] 钟敬文. 民间文学概论 ［M］. 上海：上海文艺出版社，1980.

[7] 张玉安，陈岗龙. 东方民间文学概论 ［M］. 北京：昆仑出版社，2006.

[8] 宋瑶. 论民间文学艺术的私权保护——以 "石头寨案例" 为线索

[J]. 中国发明与专利，2015（7）.

[9] 钱峰. 中国知识产权审判研究 [M]. 北京：法律出版社，2013.

[10] 周安平，龙冠中. 公法与私法之间的抉择——论我国民间文学艺术的知识产权保护 [J]. 知识产权，2012（2）.

[11] 周婧. 质疑民间文学艺术著作权保护的合理性 [J]. 知识产权，2010（1）.

[12] 付子堂. 法理学进阶 [M]. 北京：法律出版社，2005.

[13] 张煌新. 民间文艺的社会作用 [J]. 安徽文学月刊，2014（4）.

[14] 刘春田. 知识产权法 [M]. 北京：高等教育出版社，2010.

[15] 李珞珈. 浅论民间文学艺术作品的法律保护——以白秀娥诉国家邮政局邮票印制局侵犯著作权纠纷案为例 [J]. 法制与社会，2014（8）.

[16] 毛克盾. 民间文学艺术作品的特别法保护模式的研究 [J]. 法学杂志，2014（10）.

[17] 赵亚男. 对中国民间文学艺术作品的立法保护的几点思考 [J]. 社科纵横，2013（3）.

[18] 曲金东. 关于我国民间文学艺术作品保护的几点思考 [J]. 中国版权，2014（5）.

[19] 管健. 论民间文学艺术作品的著作权保护 [J]. 江西警察学院学报，2014（3）.

[20] 户晓辉. 民间文学：最值得保护的是权力还是权利 [J]. 民间文化论坛，2014（1）.

[21] 何莉. 民间文学艺术作品的版权保护 [J]. 文化视点，2013（30）.

[22] 林继富. 现代媒介记忆下的民间文学保护 [J]. 民间文化论坛，2014（1）.

[23] 孟慧. 民间文学艺术作品的著作权保护 [J]. 中小企业管理与科技，

2014（20）.

［24］杨沛沛. 民间文学艺术作品的若干问题思考——以案例对比分析为视角［J］. 兰州大学，2013（5）.

［25］姜艳. 著作权下民间文学艺术作品的利用和保护［J］. 烟台大学，2013（3）.

［26］曾照旭. 浅析民间文学艺术作品权利主体的确定［N］. 人民法院报，2009.

［27］潘翠云. 我国民间文学艺术权利保护探析［J］. 法制与社会，2011（6）.

［28］窦锦玲. 民间文学艺术主体浅析［J］. 商情，2013（47）.

［29］顾军，苑利. 文化遗产报告——世界文化遗产保护运动的理论与实践［M］. 北京：社会科学文献出版社，2005.

［30］徐嵩龄，张晓明，章建刚. 文化遗产的保护与经营——中国实践与理论进展［M］. 北京：社会科学文献出版社，2003.

［31］黄涛. 发行"国宝彩票"保护文化遗产［J］. 华夏时报，2004（6）.

［32］周耀林. 法国文化遗产保护高等教育探析［J］. 湖北大学成人教育学院学报，2006.

［33］徐嵩龄. 第三国策：论中国文化与自然遗产保护［M］. 北京：科学出版社，2005.

［34］单霁翔. 文化遗产保护与城市文化建设［M］. 北京：中国建筑工业出版社，2009.

［35］李政. 徐苹芳谈基本建设与考古发掘和文物保护［J］. 中国文物报，2003.

［36］丹淳. 从城市形象说起［J］. 中国文物报，2005.

［37］王林. 中外历史文化遗产保护制度比较［J］. 城市规划，2000（8）.

［38］李晓东. 文物与法律研究［M］. 石家庄：河北人民出版社，2006.

［39］阮仪三．遗产保护任重道远［J］．中国文化遗产，2004（2）．

［40］陈献兰．民间文学的继承与发展［J］．民风，2008（9）．

［41］龙冠中．公法与私法间的抉择［J］．知识产权，2012．

［42］冀红梅．民间文学艺术的著作权保护［J］．科技与法律，1998．

［43］张春山，杨冲．浅析政府主张民间文学艺术作品相关权利的利与弊——
对《乌苏里船歌》一案的分析［EB/OL］．http://www.docin.com/p-
109038639.html.

［44］亓蕾．浅论民间文学艺术作品的著作权保护——白广成诉北京稻香
村食品有限责任公司著作权侵权案分析［J］．中国知识产权，2004
（53）．

［45］吕睿．作品与民间文学艺术作品之辩［J］．新疆社科论坛，2012
（1）：78-81.

［46］李雨峰，刘媛．涉《千里走单骑》影片中安顺地戏案的法律探讨
［EB/OL］．http://www.3y.uu456.com.

［47］张玉敏．知识产权法［M］．北京：法律出版社，2011．

［48］管育鹰．"刀郎"现象折射出的民间文艺保护问题［J］．中华商标，
2005（11）．

［49］曾钰诚．民间文学艺术作品著作权保护问题再思考——以《民间文
学艺术作品著作权保护条例（征求意见稿）》为视角［J］．广西政
法管理干部学院学报，2016（25）．

［50］齐爱民，曾钰诚．民间文学艺术作品著作权归属认定的困境与出路
［J］．贵州师范大学学报（社会科学版），2016（2）．

［51］张革新．民间文学艺术作品权属问题探析［J］．知识产权，2003．